Viridiana

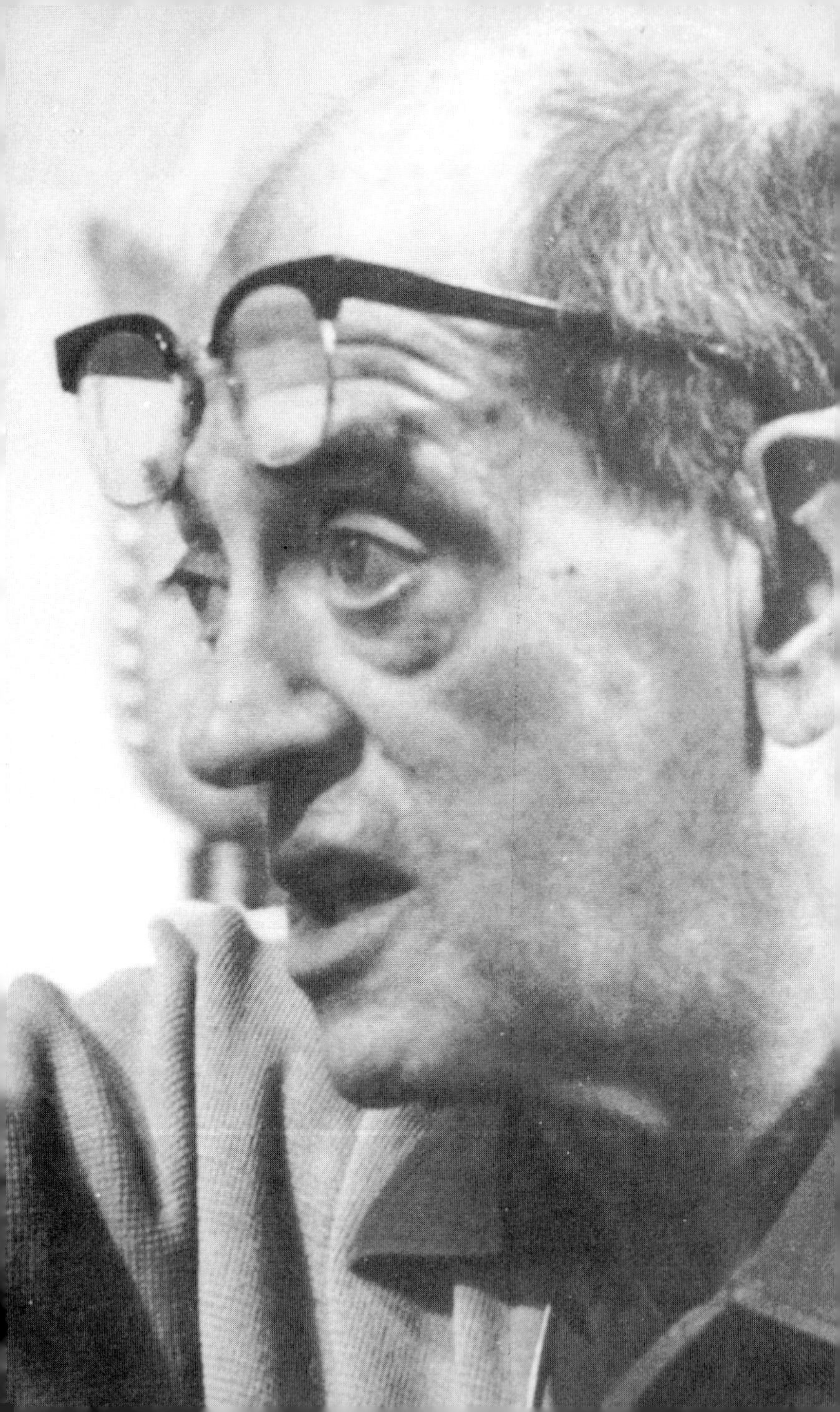

Viridiana

Luis Buñuel

Estudio crítico de
Vicente Sánchez-Biosca

Ediciones Paidós
Barcelona Buenos Aires México

Fotografías: archivo del autor

Quedan rigurosamente prohibidas, sin la autorización escrita de los titulares del «copyright», bajo las sanciones establecidas en las leyes, la reproducción total o parcial de esta obra por cualquier medio o procedimiento, comprendidos la reprografía y el tratamiento informático, y la distribución de ejemplares de ella mediante alquiler o préstamo públicos.

© 1999 de todas las ediciones en castellano,
Ediciones Paidós Ibérica, S.A.,
Mariano Cubí, 92 - 08021
Barcelona
y Editorial Paidós, SAICF,
Defensa, 599 - Buenos Aires

ISBN: 84-493-0658-2
Depósito legal: B.580/1999
Impreso en Gràfiques 92, S.A.,
Av. Can Sucarrats, 91 - 08191
Rubí (Barcelona)

Impreso en España -
Printed in Spain

Colección dirigida por:
José Luis Fecé y Vicente Sánchez-Biosca

Diseño: Mario Eskenazi

Paidós Películas
1 **La noche del cazador**
2 **Los cuatrocientos golpes**
3 **Terciopelo azul**
4 **Viridiana**
5 **Vértigo / De entre los muertos**

*A la memoria de
Ricardo Muñoz Suay*

Sumario

11 **Introducción: una obra única**

17 **La obra y su contexto**
17 Buñuel: vanguardia, realismo, popularismo y modernidad
21 La significación histórica de *Viridiana* en el cine español
23 Descripción secuencial

33 **Estudio crítico**
33 Estructura y personajes: dos mundos unidos por un *collage*
33   Los dos filmes de *Viridiana*
36   Del guión al filme
38   Personajes protagonistas
45   El coro del hampa
51 Surrealismo, poesía y rimas cinematográficas
51   Del surrealismo a través de los tiempos
55   Rimas y recurrencias
60   Las dualidades, los dobletes
61   El intertexto religioso
75 Un espectáculo de cuerpos
75   El día encadena al cuerpo, la noche desata el deseo
76   Primera noche: cuerpo supliciado, cuerpo virginal, cuerpo deseado
78   Segunda noche: cuerpo fantasmático y cuerpo fantasmal
83   Tercera noche: la imposible sustitución del cuerpo amado
86   Último movimiento: del cuerpo fantasmático a la explosión carnal

93 **Documentación**
95 Ficha técnica y artística
96 Sinopsis
97 Selección de textos
100 Filmografía
102 Bibliografía

Introducción: una obra única

El caricaturista Alberto Isaac presentaba en un breve cómic la historia siguiente: en una primera viñeta se veía a Luis Buñuel llegando a España y siendo recibido con todos los honores por su jefe de Estado, el dictador Francisco Franco; en la segunda, Buñuel dejaba un paquete-regalo al «Generalísimo», mientras desde el otro lado del océano un exiliado gritaba: «¡Muera el prevaricador Buñuel!»; en la tercera, el paquete había explotado, dejando maltrecho a Franco, y el exiliado quedaba atónito.[1]

El humorista resumía con ingenio el magnífico escándalo provocado por *Viridiana* a comienzos de la década de los sesenta, película en cuya inversión (económica, profesional o política) casi todos perdieron, con la honrosa salvedad de la historia del cine. En primer lugar, *Viridiana* representaba el regreso de este exiliado en México que era Buñuel a su país de origen y su continuidad se reveló imposible a tenor de los resultados. En segundo lugar, la productora que se lanzó a tan audaz empresa, Uninci, no sobrevivió al desastre desencadenado por el revuelo de la administración franquista. Las razones deben buscarse en quizá quien más perdió en esta operación –el régimen franquista–, pues *Viridiana* protagoniza uno de los más grotescos deslices de la censura. La administración, exultante porque uno de los más famosos directores que había dado España se dignara a regresar cual hijo pródigo, queda sorprendida y burlada cuando *L'Osservatore romano* tacha la película de blasfema y lanza sus dardos implacables contra ella. Precisamente en un momento en que el gobierno español trataba de dar una imagen de liberalización ante Europa y pugnaba por ser reconocido en el concierto de las naciones, el escándalo de *Viridiana* supone su más rotundo fracaso con el ridículo añadido de haber aceptado en Cannes de modo institucional el premio otorgado por el festival. Por si fuera poco, Buñuel fue virulentamente atacado desde

1. La historia es relatada en muchos lugares. Véase, entre otros, PÉREZ TURRENT y DE LA COLINA (1992, pág. 124).

la izquierda, es decir, por el grupo de exiliados españoles en México que le reprochaban haber cedido a realizar una película bajo la dictadura. Y también en este caso los exiliados tienen que enfundársela cuando constatan la bomba de relojería que escondía el aragonés.

A pesar de todo, el carácter fronterizo de esta película entre la etapa mexicana y la francesa de su realizador, su raigambre en tradiciones autóctonas españolas como la picaresca y el esperpento, confiere a *Viridiana* un valor especial en la historia del cine que, desde aquel momento, no ha cesado de aumentar. *Viridiana* aparece hoy como una verdadera enciclopedia de los rasgos que reconocemos como más inequívocos de Buñuel y, al propio tiempo, una obra cuyo carácter autóctono no va en detrimento de su universalidad. Esto es precisamente lo que en nuestra cultura significa el apelativo «clásico».

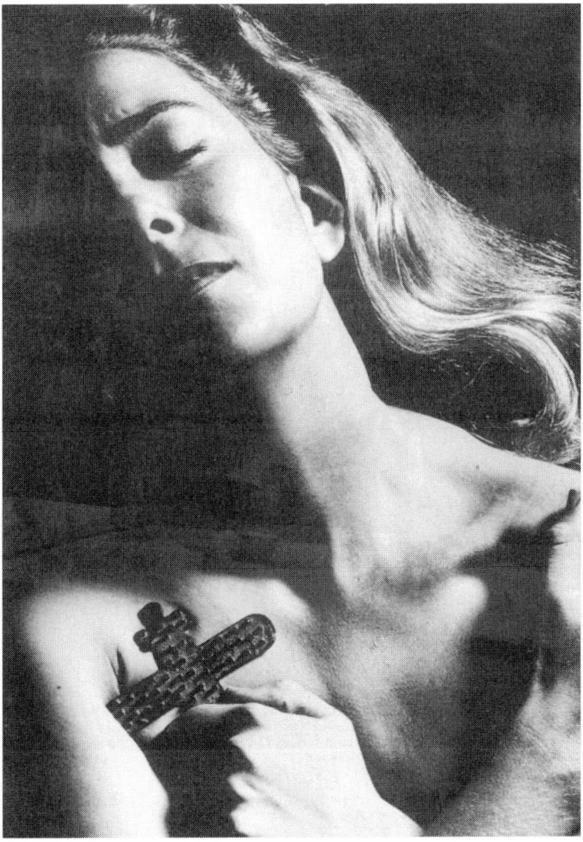

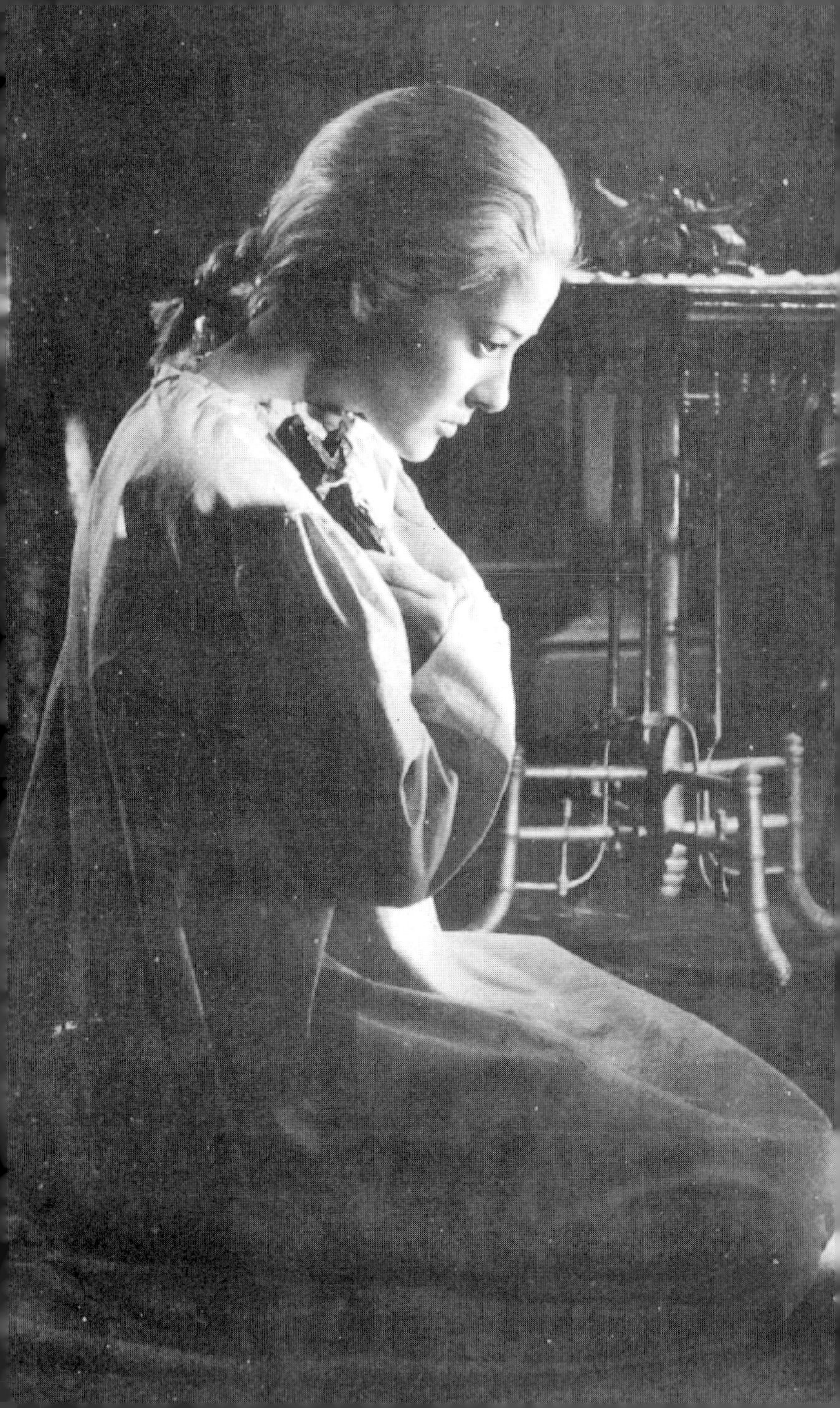

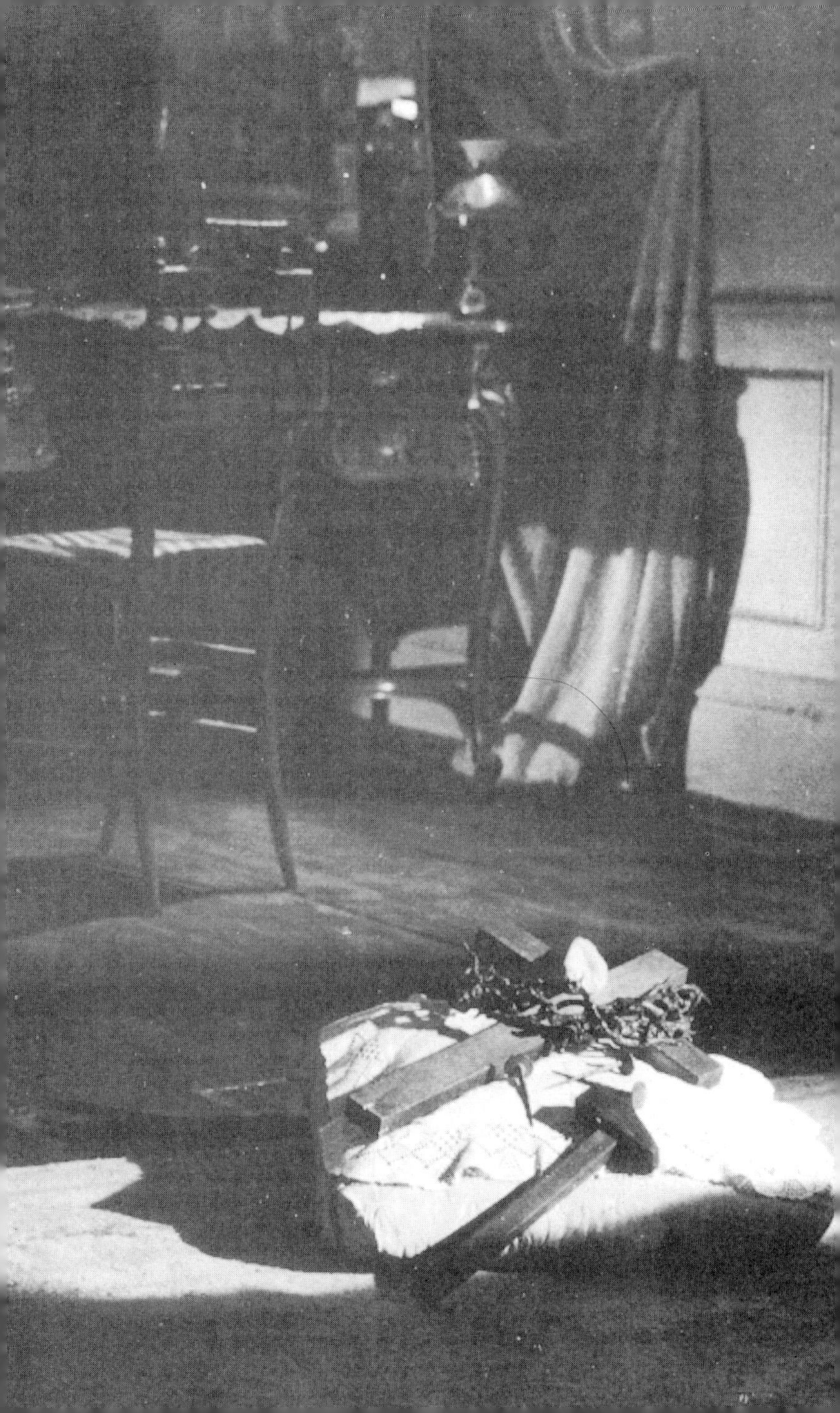

LUIS BUÑUEL

Perversión y fetichismo.

La obra y su contexto

Buñuel: vanguardia, realismo, popularismo y modernidad

Buñuel es uno de esos cineastas cada vez más escasos que han atravesado un cincuenta por ciento de lo que hoy es la historia del cine, pero sobre muchos otros posee la ventaja de haber participado en modelos de producción cinematográficos y estéticos muy diversos, como son el surrealismo, las convenciones del melodrama popular mexicano o la modernidad del cine francés durante los sesenta y setenta. De ninguno de ellos es Buñuel un representante estándar; antes bien, cualquiera de sus obras contiene esa dosis de aportación personal que la crítica francesa asentó con el apelativo de «autor». No obstante, la obra de Buñuel se rebela contra esta cómoda clasificación que tiende a ver unidad biográfica y artística donde hay constante conflicto. Veámoslo.

La formación artística de Buñuel se origina en el caldo de cultivo que fue en los años veinte la Residencia de Estudiantes de Madrid, donde compartió sus preocupaciones con poetas e intelectuales de la talla de Salvador Dalí, Emilio Prados, Rafael Alberti, Federico García Lorca, Moreno Villa o Pepín Bello. En este contexto, Ramón Gómez de la Serna se erige en la figura puente que desde la literatura atrajo la atención de muchos de ellos hacia el cinematógrafo. Ahora bien, en el seno de lo que se denominó la generación del 27, Buñuel representaba una tendencia radical, irracionalista, combativa y vanguardista que se destacaba frente a otra más moderada y esteticista que algunos han llamado gongorina. Fascinado por ese foco de la vanguardia que era París, Buñuel se traslada a la capital francesa en 1925 e, impresionado por la proyección de *Las tres luces* (Der müde Tod, 1921), decide introducirse en el mundo del cine. Consigue, así, trabajar en algunas producciones francesas de esos años; en particular figura como ayudante de realización de Jean Epstein en el clásico *La chute de la maison Usher* (1928).

Dentro del espíritu irracionalista y en colaboración con Dalí, concibe *Un perro andaluz* (Un chien andalou, 1928), película que está construida de acuerdo con mecanismos cercanos a la escritura automática, aun cuando no pueda considerarse una producción ortodoxa representativa del grupo capitaneado por André Breton. La película recibe el aplauso entusiasta del grupo surrealista que estaba huérfano de producciones cinematográficas, especialmente después de que la única obra que podía ser atribuida a su imaginería, *La coquille et le clergyman* (1926), de Germaine Dulac con guión de Antonin Artaud, fuera formalmente «excomulgada» por el grupo surrealista a tenor de las quejas de Artaud de haber sido traicionado por Dulac. El éxito de *Un perro andaluz* hace nacer las sospechas del grupo y Buñuel, financiado en esta ocasión por el mecenas Charles de Noailles, realiza *La edad de oro* (L'âge d'or, 1930), en esta ocasión más en la línea del programa del *Segundo manifiesto del surrealismo*, publicado por André Breton en 1930, cuyo objetivo era un combate sin trincheras contra la patria, la religión y la familia. De esta fase, breve si se compara con una carrera superior a los cuarenta y cinco años, Buñuel conserva ciertos rasgos esenciales que jamás abandonará. Como él mismo afirma:

> De todos modos, durante toda mi vida he conservado algo de mi paso –poco más de tres años– por las filas exaltadas y desordenadas del surrealismo. Lo que me queda es, ante todo, el libre acceso a las profundidades del ser, reconocido y deseado, este llamamiento a lo irracional, a la oscuridad, a todos los impulsos que vienen de nuestro yo profundo. Llamamiento que sonaba por primera vez con tal fuerza, con tal vigor, en medio de una singular insolencia, de una afición al juego, de una decidida perseverancia en el combate contra todo lo que nos parecía nefasto. De nada de esto he renegado yo (BUÑUEL, 1982, pág. 121).

Sin embargo, esta pervivencia no puede ser identificada con inmovilismo y debe cuestionarse el cómodo titulillo de «surrealista» que a menudo se ha colocado a la espalda del realizador.

Su siguiente proyecto, financiado por el anarquista Ramón Acín, consiste en una aproximación documental de un realismo desbordante a una región de la geografía española anclada hasta lo inverosímil en el pasado, *Las Hurdes* (1932). Con este sintomático giro, Buñuel respondía a una conversión que afectaba a múltiples artistas de la vanguardia cinematográfica hacia una observación más atenta de la realidad en los conflictivos años treinta y un compromiso político e ideológico mayor en esos tiempos marcados por el ascenso de los fascismos, la imposición del realismo socialista en la Unión Soviética y el aumento de la temperatura social. Bastaría tal vez traer a la memoria el ejemplo de Joris Ivens para comprender la representatividad de este cambio. Autor de obras en el espíritu de una vanguardia formalista, como *El puente* (De Brug, 1928) o *Lluvia* (Regen, 1929), Ivens da un viraje a su carrera al visitar la Unión Soviética, con obras como *Misère au Borinage* (1933, realizada en colaboración con Henri Storck, otro cineasta que se había formado en la vanguardia) y, más tarde, el filme de propaganda sobre la guerra civil española, *Tierra de España* (The Spanish Earth, 1936). Salvando las distancias, *Las Hurdes*, que fue significativamente prohibida por la Segunda República, relata con una mirada despiadada de antropólogo la vida cotidiana de unos pueblos situados en la frontera entre la civilización y la barbarie. El recurso a lo onírico como fuente de brillantes asociaciones visuales da paso en esta ocasión a un clima de pesadilla no menos surrealista, pero en su sentido original de exceso de realidad; una realidad que, observada con el microscopio del científico, se muestra de manera espesa, densa y siniestra, es decir, extraña pese a su apariencia de familiaridad.

A continuación, y antes del estallido de la guerra civil española, Buñuel trabaja para la productora Filmófono (1935-1936), como ayudante de dirección y más tarde como director en lo que podríamos denominar un cine comercial-popular, con películas como *Don Quintín el amargao* (1935) o *La hija de Juan Simón* (1935), entre otras, en colaboración con Luis Marquina y José Luis Sáenz de Heredia, cuya experiencia le será de gran utilidad en su período mexicano. Buñuel pasa después muchos años sin desempeñar tareas de director. Si en 1930 había viajado a Hollywood fugazmente, antes de concluir la guerra civil española, en 1938, regresa de nuevo en calidad de consejero técnico para la realización de películas sobre dicha contienda bélica; por último, da con sus huesos en el MOMA de Nueva York, donde Iris Barry le encomienda remontar materiales de propaganda nazi para demostrar a los incrédulos dirigentes estadounidenses la importancia de la propaganda audiovisual. Es en ese período cuando Buñuel remonta *El triunfo de la voluntad* (Triumph des Willens, Leni Riefenstahl, 1936).[1]

En 1946, Buñuel llega a México con el cometido de hacer un cine industrial, tarea que prosigue hasta 1964, desde *Gran Casino* (1946), con Jorge Negrete, hasta *Simón del desierto* (1964).[2] Durante este período, el realizador aragonés encuentra en las convenciones del melodrama rudo, obsceno y fuertemente impregnado por la religiosidad latina un modelo apto para desarrollar su realismo desbordante pero también se permite incorporar rasgos que conectan con el espíritu surrealista, por supuesto no considerado en sus principios de escritura automática e irracionalismo absoluto. En este nuevo contexto, las condiciones de cine pobre o imperfecto son determinantes: rodajes que no rebasan los veinticuatro días, salvo en el caso de la coproducción *Robinson Crusoe* (1952), tres o cuatro días para concluir el montaje, escasez de material rodado y presupuestos irrisorios. Sea como fuera, Buñuel realizó en el interior de estas convenciones algunos de sus mejores filmes, hoy reconocidos unánimemente como obras maestras del séptimo arte, como *Los olvidados* (1950), *Él* (1952), *Ensayo de un crimen* (1955) o *Nazarín* (1958), cosechando premios diversos y, sobre todo, el reconocimiento de la crítica y de autores tan decisivos e influyentes como Pudovkin y Octavio Paz, quienes lograron salvar *Los olvidados* de los ataques furibundos de derechas e izquierdas.

Después de su paso por España para realizar *Viridiana*, de la que nos ocuparemos extensamente en este libro, Buñuel regresa a México y hace una incursión en Francia en 1963, para rodar *Diario de una camarera* (Le journal d'une femme de chambre, 1964), en régimen de coproducción con Italia). A partir de 1966 inicia con *Bella de día* (Belle de jour) lo que sería la última de sus grandes etapas como realizador en Francia, en colaboración con Jean-Claude Carrière, coguionista de estas películas. Y es tal vez necesario decir que *Bella de día* constituye el éxito más grande de toda su carrera y el asentamiento del autor Buñuel en el país que consagró la política de los autores. En lo que Buñuel denomina su tríptico –*La vía láctea* (1969), *El discreto encanto de la burguesía* (1972) y *El fantasma de la libertad* (1974)– se advierte con claridad la predilección por situaciones narrativas caras a los surrealistas de antaño, así como

---

1. Con posterioridad, Buñuel realizaría dos películas norteamericanas en México, a saber: *Robinson Crusoe* (1952), para Tepeyac/United Artists y *La joven*/The Young One (1960), para Producciones Omeca/Columbia.
2. La deuda de Buñuel con México queda manifiesta en su decisión de tomar la nacionalidad mexicana en 1949. De hecho, vive en este país durante 37 años y realiza allí veinte de sus treinta y dos películas.

fenómenos que recuerdan el azar objetivo, el fetichismo o la irrupción de lo irracional en el interior de lo cotidiano. Sin embargo, tenemos la impresión de que en muchas de estas películas se aligera y hace digestiva una retórica surrealista de otro tiempo y Buñuel renuncia por lo general a esa tosquedad tan difícil de integrar que caracterizó su obra mexicana. En medio de esta etapa, Buñuel rueda en España su tercer filme (después de *Las Hurdes* y *Viridiana*), basado en una novela de Benito Pérez Galdós, el escritor realista español por antonomasia: *Tristana* (1970). Y en 1977, a sus 78 años de edad, realiza lo que será su última obra, *Ese oscuro objeto del deseo*, con la terminante decisión de retirarse definitivamente. En 1982 aparecen sus memorias en francés redactadas por Jean-Claude Carrière y tituladas *Mi último suspiro* y poco más tarde, el 29 de julio de 1983, Buñuel fallece en su casa de México.

La significación histórica de *Viridiana* en el cine español

Además de obra-gozne en la trayectoria personal y estética de su autor, *Viridiana* aparece en un contexto decisivo para la historia del cine español y desencadena un pequeño drama que desvela los límites de la reforma política en el seno del franquismo hacia 1960, así como las fisuras de la censura española en los conflictivos años en los que el gobierno español pugnaba por fraguarse una imagen política de mayor liberalismo y tolerancia, ampliando en apariencia su permisividad en prensa, radio y cine. Eran los años del desarrollo industrial, la apertura al turismo y la emigración de muchos trabajadores españoles a Europa. Recordemos los hechos que estuvieron en la génesis de *Viridiana* y sus resultados para, acto seguido, extraer de ellos las consecuencias oportunas.

UNINCI, productora ligada a la infuencia del PCE y fundada en 1949, se embarca en el proyecto más ambicioso de su historia, a saber: el retorno del exiliado Buñuel a España. Durante el rodaje de *Sonatas*, de J. A. Bardem, Ricardo Muñoz Suay contacta con Buñuel en México y le propone la realización de una película en España. Es así como UNINCI y Films 59, con Pedro Portabella a la cabeza, planifican la producción de la película, incluidas las negociaciones con la censura, aun cuando la contribución económica fundamental corre a cargo del productor mexicano Gustavo Alatriste, auxiliado a título de remiendo por las aportaciones del torero Luis Miguel Dominguín.

El 9 de abril de 1961, el guión de *Viridiana* es sometido a la censura y ésta le impone algunos cambios, en particular el que afecta a la secuencia final, en la que Viridiana llamaba a la puerta de Jorge iniciando así una relación carnal con él, por juzgarla demasiado osada desde el punto de vista moral al tratarse de una ex novicia (véase más adelante). La película se rueda, pues, con arreglo al guión autorizado y es aprobada sin objeción por parte de la Junta de Censura, si bien la copia visionada en esta ocasión carece de música. Proyectada en la sesión de clausura del Festival de Cannes, fuerza al jurado a reconsiderar su decisión y recibe la Palma de Oro del codiciado certamen, *ex aequo* con *Una larga ausencia* (Une aussi longue absence), de Henri Colpi. El premio es recogido en mano por el director general de Cinematografía y Teatro, José Muñoz Fontán. Para las ambiciones de creación de una nueva imagen del régimen, el éxito estaba asegurado: no sólo se exhibía el retorno a la familia de uno de los más codiciados exiliados españoles, sino que además se cosechaba un gran triunfo en uno de los foros más prestigiosos del cine europeo.

Sin embargo, los problemas no se hacen esperar. Una furibunda crítica publicada al día siguiente en el órgano del Vaticano, *L'Osservatore romano*, denuncia el carácter blasfematorio del filme y desencadena la tragedia: Muñoz Fontán, nombrado en 1956, es destituido de manera fulminante y las instituciones públicas del régimen prohiben toda mención a la película de Buñuel en la radio y en la prensa. La procedencia ideológica del sustituto de Muñoz Fontán es harto elocuente respecto al fracaso de la liberalización: el falangista Jesús Suevos. Además, se suprime el cartón de rodaje, lo que equivale a todos los efectos a dar la película *Viridiana* por inexistente. Sacada clandestinamente de España, la película llega a París desde donde Alatriste distribuye copias para todo el mundo salvo, claro está, para España.

Las repercusiones de la aventura de *Viridiana* son más abundantes, pues suponen también el derrumbamiento de UNINCI, que se ve obligada a hacer suspensión de pagos. Con ella desaparecía uno de los baluartes más sólidos de la contestación política y estética en el seno del cine español que enarbolaba la consigna del realismo, el compromiso con su tiempo y la modernidad artística. *Viridiana* significa, por último, y de forma emblemática, el final de una época en otro aspecto: la renovación de la censura. En efecto, la elección de Manuel Fraga Iribarne para el Ministerio de Información y Turismo el 11 de julio de 1962 supone un aperturismo en la política cinematográfica, cuyo corolario es el nombramiento en julio de 1962 de José María García Escudero como director general. Éste lleva a cabo la reorganización de la Junta de Clasificación y Censura (Decreto de 20 de diciembre de 1962) y la publicación de unas normas de censura cinematográfica (Orden Ministerial de 9 de febrero de 1963). El código de censura, que reclamaba desde hacía años la oposición con el fin de evitar la arbitrariedad de los censores, había sido creado tras breve interregno (Gubern, 1975).

Como puede deducirse de esta somera descripción, además de obra cumbre de la historia del cine y en la trayectoria de su realizador, *Viridiana* posee un valor singular y emblemático en el transcurso de la historia española y, en particular, de su cine: supone, como indica Carlos Heredero (1993, pág. 18), el final efectivo de una década y el comienzo de un período nuevo, definido por otras coordenadas y otras preocupaciones y, en particular, por una generación pujante, la del Nuevo Cine Español.

Descripción secuencial

Presentamos a continuación una descripción de las secuencias tal y como aparecen en el filme definitivo, es decir, una vez montado. En un capítulo próximo comentaremos algunos de los cambios más relevantes operados tanto en la fase de guión (por intervención de la censura), como en la de montaje (por decisión del realizador).

Títulos de crédito: un claustro en foto fija mientras suenan los compases del *Aleluya*, de Haendel.

Secuencia [1]. Claustro de un convento. La madre superiora ordena a la novicia Viridiana que abandone el convento por última vez antes de pronunciar sus votos con el fin de visitar a su tío don Jaime.

Secuencia [2]. En su hacienda, Don Jaime se deleita observando a Rita, la hija de su criada, saltar a la comba. Llegada de Viridiana y presentación a don Jaime, al que no conoce personalmente, aunque éste ha pagado sus estudios.

Secuencia [3]. Continúa la conversación entre ambos personajes tras una elipsis. La cámara focaliza los pies de ambos, rasgo redundante en todo el filme. Hablan de su relación indirecta en el pasado y don Jaime menciona el prodigioso parecido entre la novicia y su tía doña Elvira, esposa difunta del hacendado.

Secuencia [4]. Noche. El órgano de don Jaime interpreta música sacra, mientras en paralelo Viridiana se desviste en su habitación y reza una oración arrodillada ante un crucifijo y una corona de espinas. Ramona, la criada, observa por el ojo de la cerradura y transcribe lo que ve a don Jaime.

Secuencia [5]. Mañana siguiente. Viridiana intenta ordeñar una vaca, pero su pudor se lo impide. Don Jaime responde a Viridiana sobre la existencia de un hijo ilegítimo que tuvo en su juventud. Entretanto logra salvar a una abeja que se estaba ahogando en el agua de un barreño.

Secuencia [6]. El reloj da las dos de la madrugada. Oscuridad y silencio en la mansión. Mientras suena el «Et incarnatus est», perteneciente a la *Misa en si menor* de Bach, don Jaime abre un arcón donde yacen objetos de boda. Se prueba un zapato de tacón y un corsé. Un ruido inesperado lo interrumpe. Es Viridiana sonámbula que en acto ritual arroja madejas de lana al fuego y recoge cenizas de la chimenea para depositarlas sobre el lecho de don Jaime.

Secuencia [7]. Mañana siguiente. Don Jaime, entristecido por la inminente partida de su sobrina, pide a Ramona que le ayude a hacer algo para retenerla en la mansión. Ésta se compromete a auxiliarle y el dueño de la casa parece idear un plan.

Secuencia [8]. Viridiana y don Jaime conversan sobre el significado simbólico del gesto de la novicia la noche anterior. Proyectan hacer algo especial con motivo de su despedida, pero don Jaime no se atreve a formular su petición.

Secuencia [9]. Noche. Viridiana aparece vestida de novia. Don Jaime cuenta el origen de la «mascarada» que le ha rogado representar: en su noche de bodas, su esposa murió en sus brazos en el lecho nupcial. Don Jaime propone matrimonio a su sobrina, pero ante la indignación de ésta, se excusa reiteradamente, le hace ingerir un somnífero, transporta su cuerpo inerte a la habitación, la desviste y la besa sobre el lecho. Toda esta acción es observada por la niña Rita desde el exterior de la ventana en una suerte de montaje paralelo.

Secuencia [10]. A la mañana siguiente, Viridiana se despierta sedienta y con dolor de cabeza. Don Jaime le confiesa haberla poseído, mas luego lo desmiente. Ni siquiera Ramona acaba de creerlo. La novicia, horrorizada, se marcha, mientras por su parte don Jaime parece haber urdido un nuevo plan. Lo vemos redactando algo en su escritorio.

Secuencia [11]. Cuando Viridiana se dispone a tomar el autobús que desde el pueblo la conducirá de regreso al convento, la Guardia Civil la detiene comunicándole que algo terrible ha sucedido: don Jaime se ha ahorcado.

Secuencia [12]. Elipsis indefinida. Rita salta a la comba bajo el árbol y con la cuerda con que Don Jaime se quitó la vida. Viridiana, por su parte, friega el piso, con la ayuda de Ramona. Llega la madre superiora y se entrevista con Viridiana, quien le comunica su incierto sentimiento de culpabilidad y su firme decisión de no pronunciar los votos.

Secuencia [13]. Un grupo de mendigos se reúnen ante la puerta de la iglesia. Viridiana, que ha decidido seguir los pasos de Cristo a su modesta manera, los conduce a la mansión en una especie de procesión.

Secuencia [14]. Llegada de Jorge, el hijo ilegítimo de don Jaime, acompañado de su novia Lucía. Comenta lo extraño del reconocimiento tardío por parte de su padre, quien le ha dejado parte de la hacienda en herencia, después de muchos años de despreocupación. Encuentro con Viridiana. Sucede el primer altercado entre los mendigos y uno de ellos abandona el grupo.

Secuencia [15]. Jorge se encuentra en un estado irritable y Lucía intuye el interés que siente por su prima. Por su parte, Ramona observa, devorándolo con los ojos, a Jorge y derrama la sopa.

Secuencia [16]. Noche. Los mendigos, reunidos en torno a la mesa, disputan hasta que llega Viridiana con otros compañeros y da las órdenes pertinentes para la vida comunitaria en la hacienda. Debe proteger a un leproso que atrae las iras y provoca el rechazo de los demás.

Secuencia [17]. Viridiana recibe en su habitación la visita de Jorge, quien le comunica su deseo de convertir la hacienda en algo productivo e instalar luz eléctrica. Además, se queja de la escasa comunicación que existe entre ellos.

Secuencia [18]. Los mendigos disfrutan con sus bromas ácidas y sus pullas. Mientras tanto, Jorge toma medidas del campo en vistas a la modernización que tiene pensada. Compra un perrito que iba atado al carro de un arriero.

Secuencia [19]. Jorge critica a Viridiana sus métodos de caridad, que considera inútiles. Por su parte, los crueles mendigos obligan a caminar al leproso arrastrando una lata con un cordel para anunciar su proximidad.

Secuencia [20]. Jorge pasa revista a los objetos que encuentra en la mansión. Entre ellos destaca un crucifijo con una navajita disimulada. Lucía da muestras de aburrimiento y mal humor, pues está ya segura del interés que en Jorge despierta su prima. Éste, en cambio, está exultante.

Secuencia [21]. Se inician los trabajos de mecanización del campo por orden de Jorge al tiempo que Viridiana organiza con sus mendigos la oración del «Angelus» de mediodía. Ambas acciones se desarrollan en un montaje paralelo, aun cuando las escenas son simultáneas. A continuación, Jorge informa a Viridiana de que su novia, Lucía, se ha marchado para siempre. También Moncho, el casero, abandona la hacienda por incompatibilidad con los mendigos

Secuencia [22]. Jorge inspecciona con Ramona el desván repleto de muebles y objetos antiguos. Descubriendo el interés que despierta en la criada, Jorge la besa. La cámara se desvía ligeramente y muestra un gato que se abalanza sobre su presa, un ratón.

Secuencia [23]. Viridiana abandona la mansión, pues debe acudir al notario con Jorge para firmar las cláusulas de la herencia de don Jaime. También Ramona y Rita salen a visitar al dentista. Quedan entonces los mendigos solos y deciden inspeccionar la mansión. Abandonan sus labores cotidianas, al no estar ya sometidos a vigilancia. El leproso da muestras de cariño por una blanca palomita que guarda en su regazo.

Secuencia [24]. Interior de la mansión. Los mendigos registran los cajones, descubren los lujos que se esconden y formulan su deseo de servirse de ellos en una opípara cena.

Secuencia [25]. Cena de los mendigos. Comen y beben mientras relatan sus fechorías y cantan una jota aragonesa. Dos de las mujeres se enredan en salvaje pelea. Una vez concluido el postre, Enedina coloca a los mendigos alrededor de la mesa y les toma una «foto», levantándose las faldas. El leproso se viste el corsé de doña Elvira, al tiempo que lanza a los aires las plumas de su querida palomita al son del *Aleluya* de Haendel. Otros mendigos se unen al baile. Don Amalio, el ciego, furioso porque Enedina está retozando con otro mendigo, la emprende a bastonazos y provoca un destrozo. Llegada de los propietarios que descubren lo sucedido con asombro. Jorge es golpeado por el leproso y maniatado, mientras Viridiana es transportada al lecho por El Cojo, que intenta violarla. Instado por Jorge, el leproso asesina al violador. Por fin, llega la Guardia Civil.

Secuencia [26]. Ha transcurrido un tiempo indeterminado. En el interior de la casa, se encuentran instalando un cable de la luz. Viridiana todavía no parece haberse repuesto del trauma; en cambio, Jorge da órdenes a los obreros como dueño y señor de la mansión.

Secuencia [27]. Primer plano de una mano femenina que abre un cajón y saca un espejito. Es Viridiana, que se enjuga las lágrimas y, en acto coqueto, se mesa los cabellos. Se levanta y sale de su habitación en dirección al pasillo.

Secuencia [28]. En el exterior de la casa, Rita ha encendido una pequeña hoguera y lanza a ella la corona de espinas. Al fondo, se escucha música de un disco de moda. En paralelo, y ya en el interior, Jorge se lava las manos y Ramona le seca y acaricia mimosamente como en una escena de vida conyugal. Llaman a la puerta y Jorge abre. La mirada de Viridiana es explícita y Jorge la hace entrar junto a su amante invitándola a jugar a las cartas en clara alusión sexual. La cámara inicia un *travelling* de retroceso desde la mesita en la que juega el trío, alejándose por el comedor.

VIRIDIANA

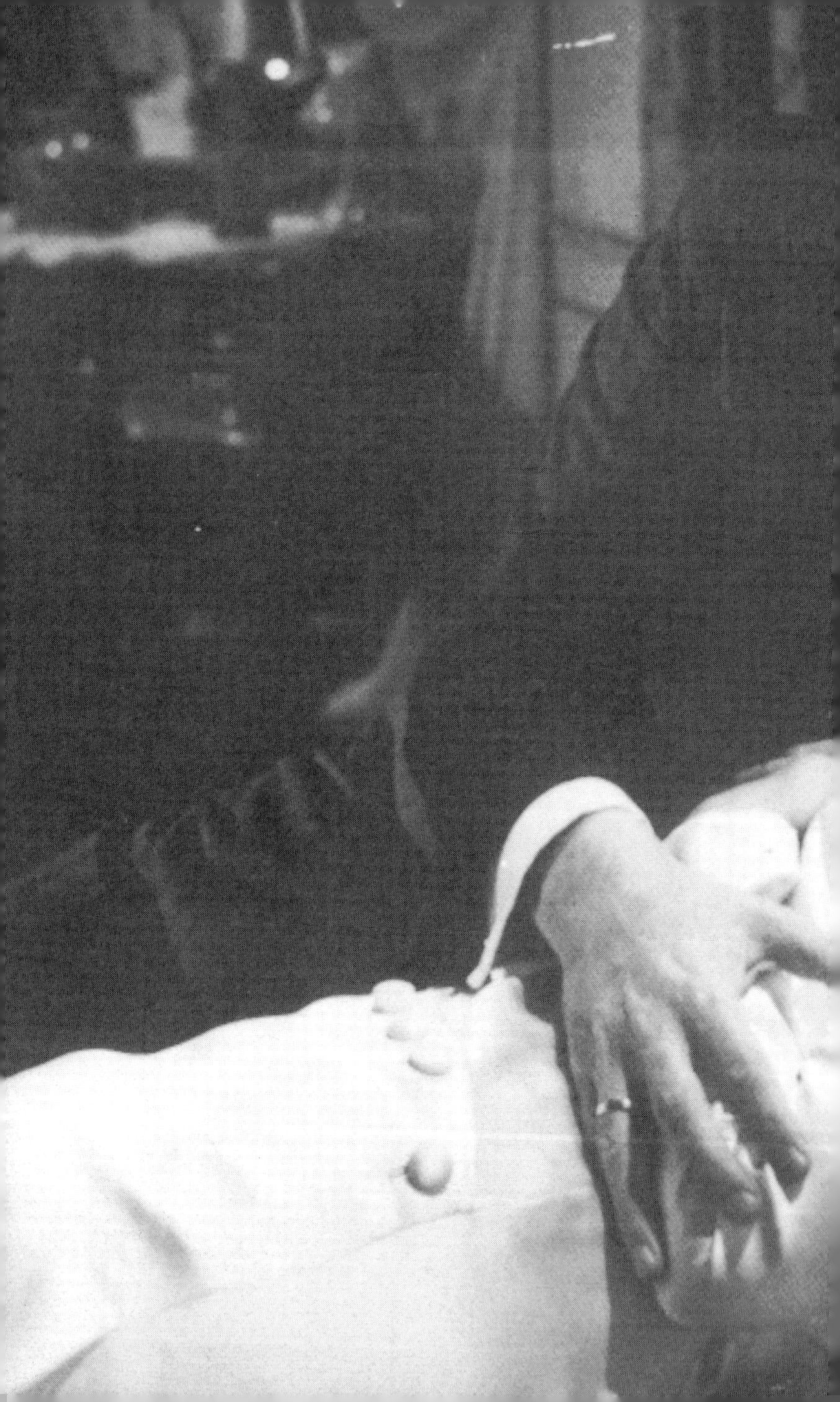

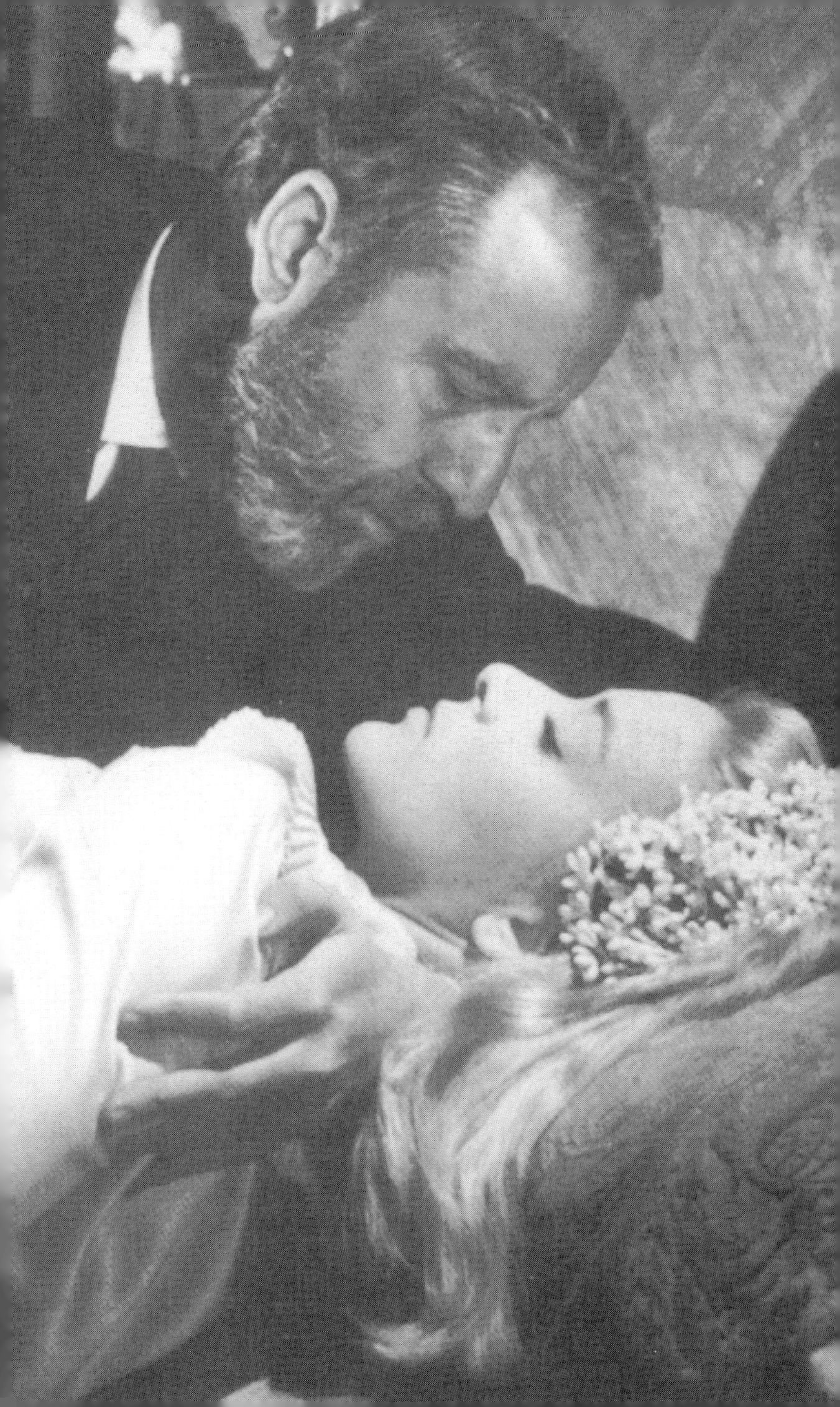

La santa rodeada de sus milagros.

Estudio crítico

Estructura y personajes: dos mundos unidos por un *collage*

Los dos filmes de *Viridiana*

El coguionista de la película, Julio Alejandro, recuerda que la historia original de *Viridiana* estaba inspirada en *El pozo*, una pieza teatral escrita por él mismo, en la que dos personajes, un hombre y una mujer, se hallaban encerrados en una casa, sin verse, pero sintiendo mutuamente la presencia del otro. Sin duda, mucho habría de cambiar la historia para convertirse en *Viridiana*, mas este origen es fácil de reconocer en las primeras secuencias, muy en particular en las dos primeras noches que transcurren en la mansión: don Jaime interpretando su música religiosa en el harmonium y, a escasa distancia y, sin embargo, sin verse, Viridiana orando piadosamente en su celda; o también don Jaime ensimismado con los fetiches de boda de su esposa muerta, mientras la novicia realiza en sueños crípticos actos ceremoniales. Ahora bien, tomando en consideración la totalidad de la película, el proyecto original recordado por Alejandro no guarda sino una vaga semejanza con el resultado. El propio guionista confiesa la decepción que él y Buñuel sintieron cuando, después de numerosas sesiones de trabajo con el guión, descubrieron que con el suicidio de don Jaime «nos habíamos estrellado contra una pared. Porque aquello no era un final de secuencia, sino un final de película» (BUÑUEL y ALEJANDRO, 1995, pág. ii).[1]

Este testimonio de trabajo revela algo que el espectador atento no puede pasar por alto: que *Viridiana* se compone, por su imaginería, su narración y, en parte también, por las características de muchos de sus personajes, de dos partes difícilmente compatibles, aun cuando el encuentro de ambas sea original y productivo. Buñuel, por su parte, remontándose a sus fanta-

[1]. Todas las referencias al guión en edición facsímil -Buñuel y Alejandro (1995)- se harán en adelante con la sola referencia de la página, por comodidad de lectura y para distinguirlas de cualquier otra bibliografía.

sías infantiles, por demás conservadas hasta cierto punto intactas, evoca otro origen: «En *Viridiana* hay dos películas totalmente distintas. Ya te dije que para mí se acaba con la muerte del viejo. Entonces, ¿qué hace Viridiana? ¿Recoger prostitutas? Ya está muy visto, se ha hecho otras veces. ¿Recoger mendigos? Me decidí por eso. Y así fue saliendo la película. Todo va surgiendo poco a poco» (AUB, 1985, pág. 46).

El caso es que tanto Alejandro como Buñuel son conscientes de la escisión que existe entre las dos partes que componen la película, lo que queda igualmente confirmado por otros factores. Por una parte, y hasta el suicidio de don Jaime, nos encontramos con dos personajes que viven ajenos a su tiempo: un perverso que alimenta su fetichismo con ayuda de la música sacra y se regodea en el travestismo en plena oscuridad de la noche, es decir, en la clandestinidad más absoluta; a su lado, pero a una pudorosa distancia, una joven novicia que nada sabe del mundo, de sus tentaciones ni de sus placeres y que, a punto de pronunciar sus votos, realiza su última salida al mundo antes de abandonarlo y recogerse en la espiritualidad de la clausura conventual para el resto de sus días. El espacio también une a ambos personajes: una mansión sin luz eléctrica, recargada de objetos inservibles e inutilizados procedentes de un pasado remoto, sin visitas ni vida social alguna y con una galería de individuos anacrónicos que en nada son testigos del tiempo presente. Un campo improductivo –una suerte de *locus amoenus*– en el que han crecido los hierbajos y en el que sólo comparten la vida con los humanos unos cuantos animales domésticos. En suma, la primera parte de la película produce una sensación de intemporalidad a la que contribuyen personajes, decorado y clima erótico-espiritual.

Sin embargo, tras la muerte de don Jaime, la escena se puebla de personajes nuevos, extraídos de un origen social distinto. Son los hampones, ladrones, enfermos, prostitutas e incluso delincuentes que dan forma al proyecto caritativo de Viridiana. Los anteriores personajes desaparecen o se desvanecen dando paso a una suerte de protagonismo coral, en donde las focalizaciones narrativas son múltiples y por lo general igualitarias. Se trata más bien de dibujar un mosaico del hampa, que entra en litigio con algunos de los otros personajes, en particular con Viridiana. E idénticamente varía el lenguaje, el vestuario y la trama fundamental. Así, el refinado sabor fantasmático de las escenas anteriores da paso al naturalismo de los comportamientos (relaciones carnales incontroladas, lenguaje popular y auténtico, crueldad de los mendigos entre sí y para con los demás, suciedad y enfermedades de la carne). Por lo demás, la irrupción de Jorge con sus ideas liberales y espíritu emprendedor introduce una ferviente actividad en la hacienda que desmiente el inmovilismo de la primera mitad. Y ello no es casual, pues dos imaginerías, como decíamos, se suceden en la película: la sutileza de un mundo en que el erotismo está unido a la idea de pecado y la carnalidad de otro inspirado en el carnaval.

Para ambos universos existen fuentes bien diferentes que Buñuel ha decidido reunir o pegar entre sí a modo de un *collage*. El primero se nutre de la imaginería tradicional religiosa española y de su catolicismo, al que Buñuel tenía tan adherida toda su simbología. Sin embargo, ésta es tan sólo el punto de partida de un trabajo intertextual de parodia y corrupción: los símbolos religiosos se supeditan a una sospechosa idea de pecado y, por tanto, se ponen al servicio del sexo, la muerte, etc. El segundo hinca sus raíces en ese rabioso realismo que surge en la novela picaresca española del siglo XVI, se prolonga con el barroco pictórico, inunda los cuadros más negros y deformados de Goya y se manifiesta en los años próximos a las vanguardias en el teatro del esperpento de Valle-Inclán. Sin lugar a dudas, la sordidez del realismo había sido ya experimentada por Buñuel en *Las hurdes* o *Los olvidados*, pero bastaría comparar el realismo hiriente y descarnado, de inquebrantable crítica social, de esta última (exteriores callejeros suburbanos, pintura de la deformidad física, ausencia absoluta de rasgos religiosos, sordidez de la historia) con el humorismo esperpéntico de *Viridiana* y su tono jocoso para concluir hasta qué punto Buñuel persigue en esta película la recuperación de una tradición autóctona española más que mexicana.

Será conveniente ahondar en el examen de esta dualidad estructural a través de un estudio más pormenorizado de los personajes que pueblan ambas partes, teniendo en cuenta que la unidad del conjunto está garantizada, por una parte, por el personaje que da título a la película y, por otra, por la existencia de una serie de rimas que densifican la estructura y que serán analizadas en el siguiente capítulo. Baste recordar que es don Jaime quien, antes de borrarse del mapa, asegura el encuentro entre Viridiana y otro hombre más carnal y menos espiritual que él, su propio hijo ilegítimo. Es crucial, por lo demás, examinar también la progresión del personaje femenino que atraviesa ambos universos, el intemporal de la hacienda y el de la corte de los mendigos, y que al cabo de este transcurso sufre una serie de cambios fundamentales en sus convicciones y acciones. Como tendremos ocasión de comprobar, para Viridiana hay un viraje permanente.

Del guión al filme

Las condiciones de la censura española (la censura previa de guión y la posterior al montaje de la película) forzaron cambios sustanciales en la película, mientras que otros nacieron de la decisión de Buñuel tanto en el rodaje como en la fase de montaje. Puesto que muchos de ellos se reducen a brevísimos cortes o añadidos (ejemplo: la improvisación de la cita de Leonardo da Vinci durante el rodaje), tan sólo nos detendremos en dos de ellos por su magnitud, pues su comprensión es indispensable para evaluar la estructura de la película, dada su posición estratégica al comienzo y al final.

El guión original escrito por Julio Alejandro y Luis Buñuel no arrancaba, como sucede con el filme definitivo, en el convento en donde iba a profesar la novicia, sino que lo hacía en la hacienda de don Jaime. A lo largo de once planos, se recalcaba la importancia de este lugar —en el que transcurriría el resto de la película— y se exponía a un mismo tiempo la relación que une a Ramona con don Jaime. En particular, la primera persona presentada según este guión es Ramona, primero a través de sus manos, que sostienen una fuente de comida, luego con una descripción de su función y características personales: «La mujer que lleva la fuente sube ahora por la gran escalera. Aparenta unos treinta años: no muy bonita, pero agradable de ver, viste como correspondería a una criada con funciones de ama de casa» (pág. 1). Al mostrarla recorriendo el zaguán, la escalera, el pasillo y, por fin, el salón comedor, Alejandro y Buñuel nos familiarizaban con los distintos lugares de la casa. Don Jaime, por su parte, es presentado escuchando música («tal vez *El Mesías* de Haendel», pág. 1) y en compañía de una niña. Estos cuatro planos del guión debían coincidir con los créditos del filme y, por tanto, suponían una sintética presentación de los tres personajes que viven en comunidad, así como de sus respectivas funciones en la casa. Las acciones, casi imperceptibles en la proyección a causa de la sobreimpresión de los créditos, adquirirían una función más simbólica que narrativa. Del mismo modo, las aficiones religiosas de don Jaime y la compañía de la niña avanzaban ya algunos rasgos de la compleja psicología del personaje masculino.

Se trata, además, de mostrar el decorado central en el que transcurrirá la acción, mas sobre todo sus implicaciones simbólicas: riqueza de los muebles antiguos, la librería, la lujosa mesa en desuso, el retrato al óleo de doña Elvira y el retrato del propio don Jaime, sillones de cuero junto a la chimenea y la mesita redonda con su mantel, junto a un balcón, «desde donde se distinguen los campos descuidados de la finca de don Jaime» (pág. 2). Sigue una conversación entre Ramona y don Jaime en la que se alude a una reciente visita del cura y el maestro, que han sido despedidos por la criada y, por último, don Jaime, solo en el salón, contempla extasiado el retrato de esa mujer de alrededor de veinte años, bella, dulce y sonriente. En suma, estos planos que fueron desechados por Buñuel en la fase de montaje otorgaban un protagonismo mayor al personaje masculino, definiendo su entorno y anunciando los rasgos principales de su carácter (soledad, ensoñación, hosquedad). Si Buñuel tomó la determinación de iniciar su filme en el plano 12 del guión original, que se abre en el claustro del convento, es precisamente para conferir un protagonismo, por una parte, a Viridiana y, por otra, para inscribir la película en la atmósfera religiosa que será determinante, cuando menos para la primera parte de la misma. Además, el hábito de esta futura monjita será, como veremos más adelante, el eje sobre el que pivoten las transformaciones básicas y Buñuel debió juzgar necesario que ese cuerpo que debía ser desnudado, vestido, disfrazado, asediado y forzado apareciera ante nuestros ojos desde el mismísimo arranque bajo una forma protegida por la religión y la piedad.

El segundo de los cambios operados en el primer guión no es menos relevante, si bien las razones de su transformación son bien distintas. Se trata de la conclusión de la película. La escena original, tal y como la relatan los distintos autores, presentaba a Viridiana llamando a la puerta de Jorge. Éste comprendía sus intenciones y la hacía entrar, atrayéndola suavemente hacia sí. La puerta se cerraba desde el pasillo, Ramona salía del comedor, se sentaba en una silla y estallaba en sollozos. Escandalizada por esta doble relación sexual, la censura puso el grito en el cielo y Buñuel ideó una forma más sutil, de común acuerdo con Muñoz Suay. Lo curioso es que la solución escogida era infinitamente más corrosiva que la anterior, pues mostraba un escandaloso *ménage à trois* tal y como se deduce de la descripción secuencial que hemos establecido en el capítulo anterior. Jorge invitaba a su prima a entrar en la alcoba e impedía que Ramona se marche. La frase final de Jorge contiene una explícita referencia sexual que extraña haya pasado inadvertida a la «sagacidad» de los censores: «No me lo va a creer –dice a Viridiana–, pero la primera vez que la vi me dije: "Mi prima Viridiana acabará por jugar al tute conmigo"».

El mismo Buñuel es explícito en la interpretación de este final:

> Ricardo Muñoz Suay reformó un poco el guión de *Viridiana*, quitando cosas que no serían aceptadas por la censura. Dominguín me había llevado a hablar con el director de Cinematografía. Éste me dijo que se aceptaba la película, pero si había otro final, porque era tremendo que una novicia religiosa terminara en el dormitorio de un hombre.
>
> *J. de la Colina:* Para acostarse con él...
>
> ¿Para qué, si no? En el argumento original ella llamaba a la puerta, él la hacía pasar y... fin. El censor hallaba eso imposible y le prometí cambiarlo. Así lo hice y la nueva solución satisfizo a la censura, aunque a mi juicio es todavía más inmoral (PÉREZ TURRENT y DE LA COLINA, 1993, pág. 117).

Personajes protagonistas

Cabría distinguir en este aspecto aquellos personajes que desempeñan una función coral o secundaria de aquellos que ejercen una función protagonística, mas teniendo en cuenta que mientras la primera parte presenta esta división de forma nítida, la segunda ofrece una inversión curiosa, puesto que lo secundario pasa a primer plano. Procederemos, pues, tratando de modo complementario los personajes y los conflictos que los relacionan.

En la primera parte, cuatro son los personajes principales si excluimos a los trabajadores de la hacienda y a la madre superiora, de fugaz aparición. En primer lugar, don Jaime, quien detenta la propiedad de un lugar que es, por así decir, su metáfora: la hacienda. Esta suerte de hidalgo, propietario de unos campos inactivos y llenos de hierbajos, representa una clase social en franca decadencia, un curioso anacronismo para estos tiempos definidos por el progreso. La mansión de don Jaime esconde sus secretos, está aislada de casi todo el mundo y asiste impasible al paso del tiempo dentro de una total ausencia de conflictos. Viridiana pertenece, en cambio, a otro mundo, el de la clausura, y lo abandonará para penetrar en los entresijos de estas alcobas asfixiantes a cuyo encanto acabará sucumbiendo. Pero don Jaime es un personaje de dudoso pasado: un pecado de juventud oportunamente recordado por Viridiana le dio un hijo ilegítimo del que parece no haberse ocupado nunca; la trágica muerte de su esposa, que provocó un trauma sobre el que ha construido una serie abusiva de ceremoniales que garantizan su estabilidad y precaria paz espiritual, su formación conservadora, religiosa y probablemente aristocrática, según se colige de sus propiedades de terrateniente y de los objetos de familia entre los que transcurre su existencia.

Escenario burgués en decadencia.

La vida de don Jaime, algo ociosa, evoluciona con naturalidad y cansina repetición hasta que Viridiana penetra en ella, con su rotundo parecido con la difunta esposa y su turbadora inocencia. Y es que Viridiana, personaje nada mundano, sólo podría ser atrapado por un universo atemporal como el de don

Don Jaime se excusa de su comportamiento ante Viridiana.

Jaime (sería impensable *Viridiana*, por ejemplo, en una ciudad moderna). El conflicto que se establece entre ambos personajes nace, por tanto, de una comunión simbólica relativa, aunque los rasgos en cuestión son experimentados de modo distinto (los signos religiosos, la espiritualidad, la renuncia al mundo material) y en ello radica su paradójica relación. Buñuel, al concebir el ambiente religioso como algo anfibológico en la medida en que entiende la religión como premisa del erotismo, asienta la posibilidad de un desarrollo narrativo para esta relación. La antítesis entre ambos es, pues, complementaria de los elementos compartidos. De ahí que la primera parte de la película se caracterice más por la contemplación que por la acción en un sentido estricto.

A pesar de todo, un rasgo llama la atención en ese don Jaime trágico: su sentido del humor, la distancia que en ciertos momentos es capaz de adoptar respecto a su propio papel y a sus dramas cotidianos. Así debe entenderse que justo cuando ha tomado la decisión de darse muerte se lleve pícaramente la mano a los labios y sonría en un postrer gesto perverso que le inspira la escritura de unos documentos. Aunque la imagen lo elide, la narración lo explicitará retrospectivamente: don Jaime redacta entonces, en plena aparente desesperación, lo que presumiblemente es su testamento en el que lega su herencia a Viridiana y a Jorge. A tenor de lo dicho, la segunda parte de la película no será sino el resultado de una puesta en escena preparada por este individuo con el objeto de que su sobrina sea al fin poseída por alguien ligado sanguíneamente con él. En suma, si la psicología de don Jaime parece emparentarlo con modelos dramáticos, nunca le falta esa pizca de sentido del humor que desdramatiza los más momentos más patéticos.

Esta primera parte cuenta también con dos personajes femeninos cuyas tareas son en principio accesorias, pero que irán creciendo poco a poco hasta hacerse más relevantes, tanto para la trama como para el enriquecimiento simbólico de las relaciones perversas que Buñuel y Alejandro plantean. En primer lugar, Ramona, una criada permanente en la casa, sumisa y obediente, convertida por la fuerza de los años en parte de la familia. Nada se nos dice de su pasado, de su condición de viuda o quizá de un desliz de juventud que la convirtió en madre soltera. Ramona encarna ese «cero a la izquierda» de la voluntad que se denomina también sumisión a su dueño en las relaciones de vasallaje. Sin embargo, esta nulidad del deseo irá enmendándose a medida que progresa la película, sobre todo en la segunda parte. Ramona comulga con el mundo creado por don Jaime, aunque nada nos asegura que lo haga por decisión propia. Quizá sea la costumbre, quizá el afecto de los subordinados por sus señores, puesto que don Jaime es a fin de cuentas un hidalgo venido a menos pero aferrado a los hábitos sociales de la nobleza.

A continuación, cabe señalar la presencia de Rita, la hija de la criada. Una niña que encarna lo puro, infantil e inocente en esa escena pastoril que nos pinta la hacienda. Montaraz, díscola y juguetona, Rita es una cabrita que nada conoce de la escuela ni de las tareas domésticas. El fragmento inicial del guión, que fue desechado en el montaje, nos la presentaba de la siguiente manera: «De unos ocho años de edad que lleva un vestido viejo y desgarrado. Sus manos y cara están sucias. Va descalza. Su aspecto desentona notablemente con lo bien acomodado del lugar. Al comer, Rita sorbe, haciendo ruido con la boca, cosa que no parece molestar al caballero» (pág. 2). A pesar de esta apariencia algo salvaje y pura, la niña encierra cuando menos dos puntos oscuros o, mejor dicho, Buñuel proyecta sobre ella dos enigmas que no serán desentrañados. El primero de ellos hace referencia a la relación que le une a don Jaime: éste le regala una cuerda (véase más adelante el capítulo sobre rimas) y se deleita observando sus piernas sucias mientras salta. El segundo se refiere al protagonismo repentino e incomprensible que Rita adquiere en las funciones de la mirada. Muy pronto revela a Viridiana, ante el asombro de ésta, que la ha visto desnudándose a través de la ventana. Luego presentirá inexplicablemente que algo —«un toro negro», dice— ha entrado en la casa justo en el momento en que don Jaime, arrastrado por sus instintos, está llevando a cabo su plan de posesión de una Viridiana narcotizada. Bastaría recordar el sentido simbólico oscuro de virilidad que este animal tiene en la tradición poética inmediata, Lorca en particular, como demuestra Sánchez Vidal (1988, pág. 326 y sigs.) para atisbar el sentido de su presentimiento. Sea como fuere, el caso es que Rita obtiene el privilegio de contemplar la escena «necrofílica» de don Jaime encaramándose a un árbol y es la única que percibe (entender es otro asunto, pero poco relevante en este caso) el extraño beso y el desvestimiento que don Jaime perpetra sobre su sobrina. Sin llegar, por tanto, hasta lo explícito, el papel de Rita está envuelto por partida doble en las perversiones que se viven en la casa y precisamente la función del personaje en este sentido es tanto más relevante cuanto que su comprensión de los hechos es insuficiente o tal vez nula. Buñuel se apoya, pues, de forma escandalosa en una niña para sostener el voyeurismo y la necrofilia.

Pasemos ahora a los personajes dominantes de la segunda parte. La distinción que hicimos con respecto a la primera debe incrementarse incluso en esta ocasión, pues, tanto en metraje como en importancia narrativa, los personajes centrales (Jorge, Viridiana, Ramona y, muy secundariamente, Lucía, la novia de Jorge) comparten su protagonismo con los distintos miembros del hampa, los mendigos, cuyas funciones se rigen por otros criterios.

La llegada de Jorge a la casa es, lo dijimos, una siniestra jugada de don Jaime, expiación parcial de su pecado pasado y maquinación de una conversión en mujer sexualmente activa aunque también sumisa de la novicia. Si esto es voluntario o no, es imposible decidirlo. Lo cierto es que Jorge entraña la rigurosa inversión de las convicciones piadosas de Viridiana. Si Viridiana podía compartir con don Jaime su renuncia al mundo presente,

Foto del rodaje. *Star-system* del hampa.

su repliegue espiritual o su ansia de sacralidad (aunque ambos personajes resolviesen estas ideas de manera distinta), nada de Viridiana es en principio compatible con Jorge. «No es un inmoral —dice de él Buñuel—. Es un hombre muy racional, con un sentido muy práctico, desdeñoso con las convenciones sociales. Es un positivista que piensa en el progreso desde el punto de vista racional y burgués» (Pérez Turrent y De la Colina, 1993, pág. 120). En suma, Jorge es un librepensador, anticlerical y ambicioso, que trata el sexo y la compañía femenina a su antojo y cuyos objetivos en la vida están del lado del triunfo y el placer en lugar del lado de la privación y el dolor. Es, por así decir, un hombre de su tiempo, descreído y gozador, poco atento a los demás y menos hacia todo aquello que no puede ver ni tocar.

Se ha dicho acertadamente que Viridiana vive su experiencia a través del prisma de la religión, don Jaime a través de su obsesión necrofílica y Jorge a través del comercio. Todo es, en suma, reductible al intercambio. La visita primera que el joven hace a la habitación de Viridiana es bien explícita: fuma un puro, echando bocanadas de humo al aire, se sienta en la cama de la novicia, interpelándola y mirándola fijamente a los ojos y extrañándose, o incluso ridiculizando, los fetiches religiosos y el ascetismo en el que la muchacha ha decidido vivir. Ningún entendimiento puede existir entre ellos, salvo la voluntad de un difunto de hacerles compartir su herencia.

Una secuencia muestra de modo ejemplar la oposición entre sus caracteres y sus proyectos vitales: el montaje paralelo enfrenta la productivización acelerada de la tierra por medio de las máquinas a la oración del «Angelus» por Viridiana y sus mendigos. Buñuel concibe el choque entre las visiones del mundo, los proyectos de futuro y los sentimientos más profundos de cada uno de esos dos personajes recurriendo a un montaje intelectual cuyas marcas de enunciación rebasan la ficción. Así, la imaginería del progreso contrasta con la intemporalidad del «Angelus» y con ayuda de un sintagma conceptual muy poco frecuente en el cine narrativo.

Ahora bien, como hombre de acción que es, Jorge provoca también una quiebra en el orden feudal, familiar, de la casa y, en particular, en lo que podríamos denominar la economía del deseo. Por una parte, turba incomprensiblemente a Viridiana; por otra, desata la pasión largo tiempo dormida de Ramona. Y ello transcurre mientras penetra en los desvanes más recónditos de la casa, revuelve todos los cajones, revisa todo objeto o mueble que pueda ser reutilizado, sacándolos del sueño de inactividad en el que yacían en tiempos de don Jaime. Llega acompañado de una amiga a la que no parece dedicar demasiada atención y no tarda mucho en despedirla cuando ya no le es de utilidad, puesto que su objetivo es claramente conquistar a Viridiana, mientras se contenta con Ramona para matar el tiempo.

En suma, Jorge es un motor de destrucción de la estabilidad de la hacienda, pero a la vez un desencadenante de los deseos. No en vano después de la segunda experiencia de violación de Viridiana a manos de El cojo, Jorge habrá impuesto su ley comercial y productiva en la casa demostrando que su pragmatismo es el único viable para el futuro (en detrimento de los trasnochados sueños de caridad de la muchacha) y, por extensión, Viridiana deberá acatar sumisamente su ley sexual.

El coro del hampa

Mas, ¿qué sucede con los mendigos, con esa corte de harapientos que da cuerpo a la segunda parte del filme y cuya picaresca circula de forma paralela a los conflictos entre Viridiana, Ramona y Jorge y, a la postre, van a acabar por decidir su destino final? La democratización de estos nuevos personajes es mayor y, en contrapartida, su tratamiento psicológico prácticamente inexistente. Sin embargo, esto no implica negar a cada uno de ellos una singularidad; antes bien, cada uno aporta su particular granito de arena al microcosmos que forman: figuras de vicios, encarnación de defectos físicos y pecados, cada cual maneja un lenguaje distinto al de los demás, una gestualidad singular y unos rasgos inconfundibles. Son funciones relacionales las que dominan su caracterización: unos se definen por oposición, convergencia o simpatía con los otros o, más exactamente, en relación con el grupo en su conjunto, formando una microsociedad en cuyo interior todas las funciones sociales (aun cuando invertidas) están representadas, todos los esquemas de la jerarquía, todos los vicios y defectos presentes.

Estos individuos, por mor de un realismo del que Buñuel se siente heredero, fueron efectivamente vestidos con indumentaria comprada (intercambiada, en realidad) a unos gitanos que vivían bajo un puente del río Manzanares. Todos ellos forman una microsociedad, con su orden, sus jerarquías, sus funciones, sus exclusiones, sus leyes, distintas sin duda de las que rigen en el otro mundo, no escritas, pero bien conocidas y seguidas por todos ellos. En este sentido, el grado más alto de la jerarquía está representado por don Amalio, el ciego. No es casual que este personaje ocupe el lugar de Cristo cuando Enedina toma la «fotografía» durante la fiesta. Por los datos dispersos que se ofrecen en las conversaciones, sabemos que es el más lujurioso de todos y que, por demás, es un soplón, algo que difícilmente puede ser considerado una virtud en los bajos fondos. Para concluir el cuadro, don Amalio es iracundo y cuando se siente burlado por Enedina, a la que considera su hembra, desencadena la catástrofe final.

El iracundo y libidinoso don Amalio en el lugar de Jesucristo. Ante él, su copa-cáliz.

Otro personaje que detenta una posición de honor en la jerarquía del hampa es don Ezequiel, que no en vano ostenta el tratamiento de «don». Este individuo de barba venerable no suele perder el control en sus reacciones y siempre sabe guardar la compostura; su discurso verbal es ampuloso y grandilocuente, como si hubiera realizado estudios o se hubiera educado en la digna tradición del Lazarillo de Tormes o el Buscón don Pablos. Entre los personajes femeninos destaca Enedina, mujer primitiva y, pese a todo, no carente de buena fe. Madre de una niña y sexualmente desprejuiciada, es salvaje cuando su ira se desencadena, como demuestra con motivo de la violenta pelea con una de sus compañeras tirándose de los pelos. No obstante, no incurre jamás en comportamientos indignos.

En el escalafón más bajo, que es por otra parte el más elaborado, aunque también el más sórdido, destaca El Poca, actor ya conocido por Buñuel desde sus tiempos de Filmófono. Éste encarna una figura clásica de larga tradición en el teatro del siglo de oro hispánico –el gracioso–, pero convenientemente pervertida por el marco social degradado en el que se inscribe en esta ocasión. Así pues, si el gracioso del teatro áureo o también en Shakespeare se codeaba con la aristocracia y, además, poseía esa doble condición de bufón y loco que le permitía enunciar verdades que nadie osaría pronunciar ante los poderosos, ganándose por ello el reconocimiento y la confianza del rey o de la nobleza, El Poca es, en cambio, un instigador de líos, un burlón impenitente que no pierde ocasión para enfrentar a los demás personajes entre sí o denostarlos a los ojos de Viridiana intentando mermar así la confianza de ésta en ellos (del Leproso, de Amalio, de Refugio, la mendiga embarazada, etc.). Además y en especial, con su denuncia es el causante del destrozo final protagonizado por don Amalio, al soplarle que Enedina está retozando tras un sofá con otro del grupo. En suma, la riqueza de El Poca viene confirmada por lo que él afirma que es su única habilidad: «Yo, lo que sirvo es para hacer reír». Tanto es así que cuando Viridiana reúne al grupo para comunicarles que pronto se pondrán a trabajar, un plano de reacción de El Poca expresa sin ambages lo inverosímil de tal cometido.

El Cojo, por su parte, es un personaje muy especial en la película. Tempranamente lo vemos pintando a su bienhechora como si de la mismísima Virgen se tratara, pero en seguida, cuando se encuentra en su ambiente, es decir, libre de la mirada vigilante de los de arriba, se convierte por así decir en la mano armada de los mendigos. Con gran facilidad echa mano de la navaja ante sus compañeros. Es en sentido estricto un delincuente, el único en realidad de todo el grupo que perpetra acciones deleznables con orgullo y convicción. La distinción es sumamente relevante. Los demás mendigos carecen de criterio moral, son irresponsables, incluso crueles o desagradecidos, pero ninguno de ellos comete fechorías delictivas graves. El Cojo, por el contrario, amenaza con su navaja al Leproso obligándole por la fuerza a abandonar la cocina durante la primera noche, no duda en aprovechar la ocasión propicia para desvalijar la casa y, cuando es descubierto por Jorge, lo amenaza con su cuchillo. Por si fuera poco, es él quien intenta perpetrar la abyecta violación de esa bienhechora que imaginaba poco antes con el aura de una santa. Nadie como él encarna el fracaso social de la caridad cristiana de Viridiana.

Mención aparte merece el Leproso. Personaje de una insólita riqueza semántica e ideológica, sufre en sus propias carnes la insolidaridad del resto de mendigos, su crueldad y desprecio. En este sentido, es un antimodelo de El Cojo. No es en absoluto un delincuente por psicología, sino más bien un amoral auténtico. Representa el ejemplo más indiscutible del realismo de Buñuel, pues no se trataba de un actor profesional. La historia de este personaje es harto curiosa y no nos resistimos a reproducir el recuerdo que guarda el director al respecto:

> El que era mendigo real es el que hace el papel del leproso. Éste había sido figurante de teatro, pero actor, nunca. Para mí es el que está genial. Era malagueño, mendigaba realmente en Madrid y estaba alcoholizado. Durante el rodaje, era imposible tener comunicación con él, pero finalmente lo conseguí. Sus reacciones en las escenas son auténticas, se indignaba o se alegraba de verdad (...).
>
> Era muy flaco, como un anacoreta. Cuando llegaba borracho causaba problemas. Había una escena en la que tendía el brazo para que le dieran un pan y otro mendigo le daba un golpe en la mano y decía: «¡No, que tienes lepra!». Él debía gritar, soltando el pan: «¡Mentira!» ¡E'to no é lepra!». Bueno, pues era imposible hacerle soltar el pan, se agarraba a él como un náufrago a una tabla. El primer día en el estudio se orinó tras bastidores sobre una caja de registros, provocó un cortocircuito y dejó el plató a oscuras. Los técnicos se enfurecieron: «¡Oiga usted, hijo de puta!». Él no comprendía: «Pue, ¿yo qué he hecho? ¿Dónde hay que meá aquí?». En la escena en que El cojo va a violar a Viridiana y que el leproso daba un golpe en la cabeza a El Cojo, vino Silvia Pinal a decirme: «Luis, es imposible, este hombre apesta». Era verdad, el pobre hombre se había hecho caca en los pantalones: tenía diarrea y era verdad que apestaba (PÉREZ TURRENT y DE LA COLINA, 1993, pág. 120).

Precisamente con el papel del Leproso, Buñuel asesta un golpe de muerte a cualquier teoría optimista que atribuya el mal a defectos organizativos de la sociedad y confíe en la bondad del ser humano y, muy en particular, a la posibilidad de una uto-

La carne putrefacta del leproso profana los sutiles velos del deseo.

pía social (si no religiosa) para los desheredados. Este personaje desgraciado que es obligado a caminar arrastrando una lata para anunciar su proximidad a los demás, carece de cualquier sentimiento. Dos comportamientos suyos bastarían para demostrarlo: la primera es el gesto cariñoso que muestra con una palomita que llega a ser su única compañera mientras recorre en solitario la hacienda apedreado por sus insolidarios compañeros, a quienes repugna su enfermedad. Nada más emotivo que ver a este desgraciado y marginado desplazando su afectividad herida con la blanca palomita a la que acaricia con cariño en su regazo. Ahora bien, esta concesión a lo melodramático no es en Buñuel más que la preparación del más rotundo desengaño. Así, poco más adelante, en pleno fragor de la orgía, le veremos activar el disco de Haendel y a su son salir del dormitorio de don Jaime vistiendo todos los fetiches del traje de novia y, en el momento de mayor entusiasmo, lanzando a los aires las plumas de la palomita que lleva guardadas bajo su chaqueta. De tan cruda manera se resuelve su amor por el tierno animalito y así también nuestra compasión por este marginado entre los marginados.

Mas tampoco concluye aquí la caracterización de este riquísimo personaje. Cuando El Cojo revuelve los rincones de la habitación con el fin de desvalijar sus riquezas, es el Leproso quien le acompaña, quien asesta el golpe en la cabeza a Jorge dejándolo fuera de combate y quien se regodea lascivamente mientras bebe vino de una botella esperando que su compañero consume la violación. Sin el menor recato, confiesa a Jorge maniatado: «A ver si éste acaba y me la deja pa mí». No obstante, su iniquidad es tan grande que, tentado por el dinero de Jorge, no duda en partir el cráneo a El Cojo con el atizador, pretextando una inverosímil razón de venganza personal, que concita la risa, pese al dramatismo de la situación: «Pa que aprendas a no meterte conmigo». Como se ve, Buñuel no deja títere con cabeza en el mundo de los pobres y reacciona sin contemplaciones contra la idea victimaria y socialista utópica que supone la virtud del desheredado, no ya por cuestiones religiosas, sino sociales. Como mera curiosidad, valdría la pena recordar el reproche que uno de los censores estampa en su valoración de la película: «Prohibida. Blasfema, antirreligiosa. Crueldad y desdén con los pobres». En este punto, Buñuel recibe los golpes tanto de los representantes del franquismo, como de los de una izquierda que confía en que sólo la sociedad, por su injusticia, es la causante de que existan estos individuos.

Es lógico concluir que estos dos círculos de personajes (protagonistas y hampones) deberían permanecer separados, no sólo por la organización de la sociedad, sino también por la estructura ficcional, pues los criterios de focalización y caracterización psicológica de unos y otros son diametralmente opuestos. Buñuel, con todo, describe su encuentro y, más aún, hace reposar en su interrelación el desencadenante del caos final, la catástrofe, modificando sintomáticamente las creencias de la protagonista. Mas no en menor medida es esa explosión la que confirma a Jorge en su posición y, lo que es más, lo lleva al cumplimiento de sus deseos sexuales sobre Viridiana. En este mismo sentido, no carece de interés resaltar que ninguno de los demás personajes de la finca mantiene relación con los mendigos: ni Ramona, que acaba haciendo una vida marital más o menos encubierta y de puertas para adentro con Jorge, ni Rita, que prácticamente desaparece ni, por supuesto, los empleados que Jorge contrata para la renovación del campo. Incluso Moncho, el encargado de la hacienda en tiempos de don Jaime, los recibe de mal talante y con amenazas y poco después abandona definitivamente la mansión por incompatibilidad.

Surrealismo, poesía y rimas cinematográficas

Del surrealismo a través de los tiempos

En uno de los textos más célebres y explícitos de Buñuel, el de una conferencia pronunciada en México en 1958, el autor exponía su visión del cine como «instrumento de poesía», entendiendo por tal expresión la idoneidad del dispositivo cinematográfico para lo onírico. Así, la relación entre surrealismo y cine estaba servida y no se restringía a los tumultuosos tiempos de la vanguardia de los años veinte. Dice Buñuel:

> El cine (...) es el mejor instrumento para expresar el mundo de los sueños, de las emociones, del instinto. El mecanismo productor de imágenes cinematográficas, por su manera de funcionar, es, entre todos los medios de expresión humana, el que más se parece al de la mente del hombre, o mejor aún, el que mejor imita el funcionamiento de la mente en estado de sueño (SÁNCHEZ VIDAL, 1982, pág. 185).

Con esta idea, Buñuel se alejaba del dominio de la narración omnicomprensiva y recuperaba una idea que estuvo latiendo durante mucho tiempo en ese caldo de cultivo interartístico que fue la vanguardia francesa de los años veinte, si bien le daba razón de ser en otras formas más convencionales de relato.

Que esta declaración date de 1958, dos años antes de la realización de *Viridiana*, y después de la serie de melodramas producidos en México, demuestra que debe ser entendida en un sentido más amplio que el vanguardismo a ultranza y, en todo caso, como reacción de principio frente a la estética neorrealista que se había impuesto en los años anteriores y hacía furor por aquel entonces. Diríamos que, concibiendo el cine de ese modo, Buñuel está siempre presto a echar mano de la retórica irracionalista, de las metáforas más arriesgadas y desbordantes, aun cuando haya demostrado en estos años su capacidad para hacerlo desde el interior de ficciones altamente codificadas, como es el caso del melodrama. No carecería de sentido rastrear cómo asociaciones de ideas que remiten en último análisis a la escritura automática de los surrealistas reaparecen en ocasiones en la obra del director en un contexto menos audaz. En otras palabras, sin ceder a la comodidad intelectual que se complacería en ver en Buñuel un fiel e inamovible espíritu surrealista, lo cierto es que *Viridiana* está impregnada de algunos rasgos temáticos y formales difíciles de comprender si no es trayendo a colación el movimiento capitaneado por André Breton. Por eso, cuando Buñuel es interrogado por Max Aub en torno a algunos filmes como *Nazarín*, *Él* o la propia *Viridiana*, afirma: «La línea moral es surrealista» (AUB, 1985, pág. 67). Con esta declaración, Buñuel reconoce que el relato se desenvuelve de modo causal y el encadenamiento de las acciones responde a una lógica narrativa convencional, pero advierte también de que la irrupción de las asociaciones obedece en ocasiones a una retórica irracionalista. Intentaré en lo que sigue recorrer algunos de estos fenómenos tal y como aparecen en *Viridiana*, con un afán nada exhaustivo.

En lo que respecta a los temas, la obsesión religioso-erótica de don Jaime por su esposa, doña Elvira, transferida de modo inquietante a su sobrina, tiene mucho de *amour fou*, irracional, imparable, desencadenador de pasiones y desastres. Este tema, elogiado por Breton como una forma de destrucción del mundo burgués, es decir, del buen gusto y de sus pilares básicos, la familia y la religión, fue el hilo conductor de *La edad*

Novicia vestida de boda: religión y sexo articulados.

de oro. En *Viridiana*, en cambio, reaparece de modo suficientemente transformado, aunque reconocible, pues está atrapado y articulado por un relato mucho más complejo que abarca otros temas, en particular combinándose con la aportación religiosa de Buñuel, por lo general ausente de las producciones del surrealismo francés.

Igualmente, el intertexto religioso es una constante de la película, si bien no está planteado con la crudeza de la provocación que caracterizó los años veinte, sino con una suerte de autocomplacencia que permite a Buñuel penetrar hasta lo más intrincado de la seducción y perversión del catolicismo. Nadie habría logrado desde el exterior una articulación tan rica en matices y deslizamientos como la que el autor consigue en esta película. Como analizo en otros lugares de este libro, rituales, ceremonias, frases, símbolos, fetiches, cuadros u oraciones son retomados por Buñuel, reelaborados y colocados en contextos extraños y sorprendentes. Dicho en otras palabras, Buñuel opera con la religión una suerte de *collage,* al colocar sus signos en contextos inesperados que los hacen percibirse de modo inquietante y los convierten en verdaderos *objets trouvés*.

Uno de los objetos más escandalosos que aparece en *Viridiana*, al menos si atendemos a las reacciones que produjo, tanto en los jerarcas de la la Iglesia como en la crítica cinematográfica que no dudó en señalarlo interrogando insistentemente al autor al respecto, es el famoso crucifijo-navaja que Jorge encuentra al rebuscar entre los cajones de la mansión. En varios de los testimonios dejados por Buñuel, éste responde sorprendido a la acusación de blasfemia que muchos le hacen:

> Me han recriminado por haber mostrado un cuchillo en forma de cruz. En España los encuentras por todas partes, sobre todo en Albacete. Mi hermana, que es muy piadosa, se topó un día con una monja que los utilizaba para pelar patatas. Así que no soy yo quien ha inventado el Cristo «de muelle». Sólo la fotografía hace resaltar la malicia y el carácter surrealista de un objeto fabricado inocentemente y en serie (respuesta a Yvonne Baby, 1 de junio de 1961).

Y añade en otra ocasión: «Es como si se considerase blasfematorio la presentación fílmica de un cenicero que ostente en relieve la imagen de la Virgen del Pilar. Sabes que en

Zaragoza se venden por centenares» (GARCÍA BUÑUEL, 1985, pág. 106).

Buñuel nos da la pista con la que interpretar ese objeto: en la lógica dadaísta y superrealista, en la concepción de Marcel Duchamp y Max Ernst, por ejemplo, el objeto presenta una extrañeza consustancial a su doble función. Propiamente dicho, el objeto es de por sí un *collage,* pues reúne dos usos en principio contradictorios y poco compatibles: si uno de ellos apela a la oración y es improductivo, el otro remite a la utilidad cotidiana, al quehacer diario. Que el objeto haya sido o no fabricado con intención es lo de menos y resulta curioso constatar que esa ausencia de intención parece retroactivamente impensable para quienes se escandalizan y la atribuyen a una actitud blasfematoria del autor. Sin embargo, lo fascinante para Buñuel es lo contrario, a saber: que ese objeto no ha sido fabricado por el poeta o el cineasta, que no es una provocación, sino un objeto cotidiano, *encontrado* (*trouvé*) y, por demás, fabricado en serie, es decir, un *ready made.* El trabajo del artista surrealista consiste a fin de cuentas en una única operación, pero de gran envergadura: descubrirlo, aislarlo, saber reconocerlo y mostrarlo para sorpresa tanto de aquéllos que lo desconocían, como sobre todo de los que lo conocían y no supieron detectar su extrañeza y misterio. En suma, Buñuel realiza una especie de extrañamiento del objeto que lo hace más perceptible y enigmático y con ello revela el origen vanguardista del que partió, aun cuando la aparición de dicho objeto se produzca en el interior de una ficción corriente y lineal.

Por contra, una lectura alegórica del objeto como crítica a la religión resulta empobrecedora y olvidaría la poética del objeto a la que Buñuel estuvo vinculado desde los comienzos de su trayectoria artística. Por si fuera poco, el objeto mostrado cumplió sin proponérselo un objetivo plenamente surrealista: provocó tal escándalo que otros crucifijos-navaja similares fueron prohibidos en España. La plenitud del objeto surrealista, su extrañeza y provocación se habían logrado de un solo golpe certero y, en parte, involuntario.

Otro aspecto reviste gran importancia en este uso de mecanismos intertextuales: el hecho de que Buñuel, en un período de madurez, recurra constantemente a estilemas que le son bien queridos o, en otras palabras, que se autocite abundantemente y poniendo en juego motivos venidos de otras etapas de su vida. Desde la primera carta remitida a Muñoz Suay en la que refiere el proyecto de realizar *Viridiana*, Buñuel es consciente de que esta película utiliza códigos propios, reproduce rasgos de autor y, como dice él mismo, se autoplagia. Tanto es así que algunos autores como Fiddley y Evans (1988, pág. 63) han podido afirmar que *Viridiana* está llena a rebosar de intertextualidad buñueliana. Véase poco más adelante nuestro análisis de algunos rasgos recurrentes, como la insistencia en filmar los pies de los personajes. Desde luego, podría verse en esta constatación la sombra de una política de autor que se contenta con reconocer detrás de cada obra las huellas o estilemas de su director. Por ello, no debemos limitarnos a señalarlos, sino que es preciso ponerlos en diálogo con las corrientes artísticas en las que participó Buñuel, analizando su funcionamiento textual.

Rimas y recurrencias

Las películas de Buñuel no son obras de un manierista; no poseen la destreza técnica convertida en hábil juego con el espectador de un Hitchcock, la intelectualidad dramática de un Joseph Leo Mankiewicz, la belleza plástica de un Murnau, ni la precisión del montaje de un Eisenstein. Antes bien, tienen una apariencia de sencillez. Mas la sencillez que se percibe en *Viridiana* encubre una complejidad milimétrica, en mayor medida que sucede en otras obras del realizador. En este sentido, *Viridiana* es una obra de madurez, clásica, en donde todo, aun sin necesidad de espectacularidades, se encuentra meditado; además, las condiciones de producción de la película, aunque modestas, rebasan con creces la penuria de sus filmes anteriores realizados en México.

La riqueza y en cierto modo la opacidad de su simbología confluyen con el rigor de las rimas, las recurrencias, los dobletes que, dispuestos en el filme de forma estratégica, otorgan a éste una densidad casi inextricable donde ninguna gratuidad existe, al tiempo que confiere a acciones intrascendentes sentidos misteriosos provocados por la repetición, la inversión o el recordatorio. Me propongo examinar algunos de estos rasgos en cuanto escapan a un estudio de la puesta en escena a escala secuencial, dada su disposición regular pero distante en diversos momentos del filme creando atracciones sutiles y simetrías inesperadas. Como veremos, algunos de estos trazos se pueden analizar como estilemas de autor, otros forman en cambio cohesión y estructura. En adelante distinguiré por claridad de la exposición en el interior de los símbolos que se esparcen a lo largo del filme aquellos que proceden de objetos narrativizados y, por tanto, nacen motivados desde el interior de la diégesis, de aquellos que surgen como recursos técnico-lingüísticos impuestos como marcas de enunciación.

Respecto a los primeros, me limitaré a señalar el objeto más extraño que recorre el filme, aunando sentidos diversos y, en ocasiones, opuestos. Se trata de la cuerda. De extrema densidad, su significado no puede ser enteramente desentrañado. Esta cuerda es el regalo que don Jaime ha ofrecido a Rita, tal y como declara él mismo, y se convierte en instrumento de su gozo al contemplar saltar a la niña. Signo, pues, de la inocencia y la pureza de una infancia juguetona y descuidada, se torna sospechoso a causa de la mirada del anciano don Jaime, personaje inclinado, como sabemos, a prácticas fetichistas. Que esa cuerda no es indiferente a los ojos de don Jaime lo demuestra el hecho de que la escoja como instrumento para perpetrar su suicidio. Así, don Jaime se ahorca colgándose, por demás, de una rama del mismo árbol bajo el cual se complacía la niña en saltar y él en observar. Después de tan desafortunado acontecimiento, la cuerda sobrevive al hombre y reaparece como si nada hubiese ocurrido en manos de Rita, que sigue sirviéndose de ella en el mismo lugar y para los mismos fines de antaño. Incluso la niña se hace reprender por Moncho por su indiferencia ante lo sucedido y por «no respetar a los muertos». Señal de que no se trata de una casualidad.

Perdemos la pista durante unas cuantas secuencias del objeto en cuestión, pero lo volvemos a hallar una noche en la cocina donde cenan los recién llegados mendigos y uno de ellos, El Cojo, se la coloca a modo de cinturón. El tránsito es ya de por sí elocuente: de las inocentes manos de la niña al cuello perverso de don Jaime; de allí, impregnadas del cadáver, de nuevo a las manos de la niña; por último, a la cintura libidinosa del más indeseable de los hampones. Tránsito, en suma, entre personajes, pero también entre partes de la anatomía, cada una de las cuales carga el objeto de connotaciones de inocencia, muerte y obscenidad. Y pese a todo la cuerda no ha concluido todavía su itinerario, sino que en su última aparición implica al personaje principal, Viridiana, quien recupera toda la constelación semántica señalada ofreciéndole un sentido múltiple, pues pone en relación la antigua inocencia de la monja, la necrofilia de don Jaime (a la que ya fue asimilada con el narcótico) y el sexo desenfrenado del hampa. Así, cuando El Cojo intenta la violación de la muchacha, la cámara focaliza metonímicamente la resistencia de ésta por medio de un plano de sus manos blancas agarradas a las manecillas de la cuerda; tras breve resistencia, la presión de las extremidades de Viridiana cede y ésta se desvanece entregándose al terrible abrazo.

Así pues, el breve recorrido del objeto nos permite describir el itinerario que el filme realiza a través de sus temas básicos: la inocencia sometida a una mirada perversa, la muerte, la sexualidad violenta, etc., y, además, lo hace circulando subrepticiamente de un personaje a otro: de la niña a don Jaime, de éste a la niña de nuevo, de aquí al mendigo y por fin a manos de la propia Viridiana. ¿No sería, en consecuencia, verosímil realizar un microanálisis de las claves de la película a partir de este solo objeto de fuerte valor simbólico, pero insondable en su sentido último? Su aparente inutilidad narrativa, correlato de su enorme y enigmática capacidad evocadora, demuestra que la cuerda, en cuanto objeto, símbolo y recurrencia poética, es un elemento de cohesión estructural del filme.

Pasemos ahora a un caso distinto de rima que no surge desde el interior de la ficción, sino de un uso de la filmación, es decir, un rasgo de la enunciación para con el enunciado. Una de las constantes de la película es la filmación de los pies de los personajes, en ocasiones presentándolos con una motivación interna a la diégesis, aun cuando se trate de una acción secundaria y, en sentido estricto, innecesaria (Jorge lavándose los pies, por ejemplo, en un barreño para reposar de la laboriosa jornada), en otras como subrayada marca de enunciación. Este mecanismo está ligado al fetichismo de los pies que, como dije, atraviesa la obra entera de Buñuel, desde *La edad de oro*, en la que la muchacha interpretada por Lya Lys, con los ojos extraviados, lame maquinalmente el dedo pulgar del pie de una estatua, hasta la ceremonia religiosa del Lavatorio de Jueves Santo al comienzo de *Él*, en el que el protagonista, Francisco, hombre de concepciones religiosas sumamente rigurosas, queda prendado de los pies de una muchacha, Gloria, y no podrá en adelante desprenderse de su fascinación, aunque ello desencadene un brote psicótico que arruinará su vida y su razón. No procede en esta ocasión proliferar en la casuística, rebosante en realidad en la filmografía del director aragonés. En cualquier caso, es conocido que Buñuel rodó para *Viridiana* más de setenta planos de pies (Sánchez Vidal, 1984, pág. 257), la mayoría de los cuales fueron desechados con posterioridad. De ellos, al menos quince han permanecido en la película y aun una lectura apresurada no deja de percibirlo.

Comencemos por la disposición estructural de uno de ellos. El plano que abre la presentación de la finca, en la secuencia segunda, lo hace mostrando los pies de Rita, que salta a la comba. Se trata de una de esas frecuentes aperturas de secuencia, de fuerte sabor clásico, que, partiendo de un detalle en movimiento, van ensanchando progresivamente el campo de visión hasta abrazar la totalidad del espacio narrativo. Sin embargo, la continuación de ésta no responde a dichos parámetros y pronto otros pies, los de un adulto, entran en campo, la cámara asciende a su altura y revela un rostro de satisfacción. Es don Jaime. La segunda parte del filme se abre con una panorámica sobre las copas de los árboles de la finca para concluir mostrando los pies de Rita haciendo lo mismo que en la secuencia referida. La simetría entre ambos planos está en contradicción con el contenido de las acciones de la primera y la segunda parte (presentación del *locus amoenus*, paisaje impregnado de muerte respectivamente), pero curiosamente subraya una identidad metonímica y, por consiguiente, apunta la existencia de lazos secretos entre ellas. Al propio tiempo, claro está, expone la indiferencia de Rita a la muerte de don Jaime.

En diversas ocasiones, la cámara focaliza a los personajes principales (en particular, Viridiana y su tío) a través de sus pies, de manera deliberada. La primera conversación entre don Jaime y Viridiana es interrumpida por una elipsis que encadena con los pies de ambos, cuyas voces se escuchan en *off*. Es la enunciación la que focaliza algo no naturalizado y lo hace en detrimento de la mostración de los personajes mismos de cuerpo entero. La elipsis cubre un lapso de tiempo juzgado innecesario en el que don Jaime y Viridiana intercambian informaciones sobre su vida anterior y se familiarizan algo el uno con el otro. En otro orden de cosas, los pies están ligados al ceremonial fantasmático de don Jaime, tal y como tratamos con detalle en el capítulo dedicado a los cuerpos, pues este personaje es focalizado desde los pies que accionan el harmonium, luego viste su pie desnudo con el zapato de tacón de la esposa muerta, mientras Viridiana se desviste mostrando sus pies y sus muslos, más tarde hace lo propio ante el fuego y, por último, contemplamos sus pies desexualizados regresando a su estancia. Toda esta serie encadenada de escenas que más adelante examinaremos desde el punto de vista religioso y fantasmático se articula también en torno al signo de los pies: masculino/femenino/travestido; sexualizado/sacralizado, etc.

Bajo el hábito de la monja, la mujer.

Como es lógico, la preferencia por mostrar los pies no cesa en la parte dedicada al protagonismo de los mendigos, sino que más bien se multiplica de acuerdo con el protagonismo coral y la proliferación de personajes. Así pues, los pies bailando de muchos de ellos (hombres y mujeres) expresan durante la orgía el caos que se adueña de sus cuerpos como la satisfacción de sus ánimos. Idénticamente, las extremidades de Enedina enredadas con las de su nuevo amante tras el sofá representan metonímicamente la promiscuidad que reina entre estos desharrapados. En suma, nada como esta recurrencia para trabar de nuevo los temas de la película: lo masculino y lo femenino, lo adulto y lo infantil, lo religioso y lo profano, lo noble y lo marginal. Todo puede ser contemplado a través de las mudas de un mismo signo. Y una vez más advertimos un límite hermenéutico, como sucedía a propósito de la cuerda. Los símbolos en Buñuel son directos, a menudo incluso se trata de objetos cotidianos, nada alegóricos, pero, por paradójico que resulte, el tratamiento al que el director les somete les confiere una densidad y opacidad que los hace resistentes a ser agotados por el análisis.

Las dualidades, los dobletes

Múltiples escenas de la película están dispuestas como en un espejo, de tal manera que se reproducen en dos momentos distintos y bajo una forma también diferenciada. Los dobletes crean así una curiosa densificación de la estructura que produce efectos de especularidad entre acontecimientos que nada tienen que ver en apariencia. Esto no sólo afecta a los acontecimientos nodales del relato, sino también a detalles muy sutiles y minúsculos. Por necesidades de síntesis, me referiré exclusivamente a dos de ellos dispuestos en forma de duplicación y en los que los segundos constituyen una versión salvaje, corrosiva y corrupta de los anteriores.

El primero está constituido por las dos tentativas de violación de Viridiana, a manos respectivamente de don Jaime, casi al final de la primera parte y de El Cojo a punto de concluir el filme. La sutileza, si se nos permite la expresión, de aquella fantasmática escenografía en que se anuda la imaginería de don Jaime (cadáver y amante, esposa y sobrina, ceremonial religioso y acto sexual) se convierte en la segunda parte en sórdida manifestación de la carne, del instinto sexual irrefrenable de El Cojo, ajeno a cualquier tipo de represión. Nada de narcótico ni de escenografía elaborada cuidadosamente; antes bien, el beso brutal del mendigo produce el anestesiamiento de la joven o, más exactamente, su desmayo. Para aquél, Viridiana no es el envoltorio de un fantasma, sino una hembra susceptible de saciar su apetito animal. Y además, si el primer acto repugna moralmente incluso a aquel que lo realiza hasta el punto de que la razón le lleva a desistir, el segundo sólo podrá ser impedido mediante el asesinato del agresor. Lo curioso es que Buñuel hace que ambas escenas se realicen en el mismo decorado e incluso en idéntico lecho, creando así simetrías siniestras entre ambas. Bajo la mirada de un Jorge maniatado y la del Leproso (quien aspira a violar a su vez a su benefactora cuando haya concluido su compinche), Viridiana es apresada y forzada. Recordemos que estas dos partes daban comienzo con Rita saltando a la comba y encontraremos subyacente una muy rigurosa estructura de correspondencias entre arranques y finales.

Ahora bien, el significado de las dos acciones mencionadas es más complejo todavía, pues no sólo son estructuralmente decisivas, sino que contribuyen a definir las dos transformaciones psicológicas del personaje que las sufre. Así, la primera tentativa de violación desencadena en Viridiana un incomprensible pero irreparable complejo de culpabilidad, unido a un cambio radical de su proyecto de vida; así, cuelga los hábitos y se entrega al mundo con fines caritativos. Por su parte, la segunda produce una mutación todavía más escandalosa: la conversión de Viridiana en sujeto de deseo o en mujer en el sentido convencional de los roles sexuales. De este modo, si la renuncia sexual era la única marca que diferenciaba a Viridiana de una mujer corriente después de su primer trauma, superado el segundo, Viridiana aparece mirándose al espejito y llamando a la puerta de Jorge para iniciar con él una relación que deja para siempre atrás su castidad. No es difícil imaginar tras este resultado la existencia de una fantasía masculina que Buñuel ha impuesto a su personaje. Por decirlo en términos más precisos: donde había un cuerpo plegado a fantasías ajenas, a mitos de expiación heredados de la tradición cristiana o un sexo dispuesto a ser gozado por otros, surge un sujeto y, por consiguiente, un deseo, aunque éste, en última instancia, esté moldeado por una mirada y una concepción masculinas, pues es ésta a la postre la que fantasea la evolución psicológica del personaje femenino. Por si fuera poco, la ironía de Buñuel quiere que Viridiana deba atravesar por la vía rápida dos fases en la imposición de su deseo, pues habrá de resignarse por el momento con un Jorge compartido con otra mujer. En definitiva, la transformación narrativa y psicológica de Viridiana, entre devota monja y mujer deseante, está puntuada por dos intentos de violación.

El intertexto religioso

Viridiana se encuentra impregnada hasta la médula por un intertexto religioso. Si recorremos con cuidado sus imágenes, no dejaremos de hallar por doquier y de manera incluso opresiva, pequeñas o grandes referencias a ceremoniales de la liturgia católica, palabras o frases que evocan momentos más o menos diáfanos del culto. La educación religiosa de Buñuel ha dejado huellas indelebles y deliberadamente éste las incorpora al juego, ya con objeto de pervertirlas, ya como guiño a un espectador latino formado en la misma tradición. Y esto sucede aun a pesar de la convicción atea del director. Ahora bien, a poco que comparemos la forma en que vive el intertexto religioso en *Viridiana* con el primer período francés de Buñuel, notaremos la diferencia: en *La edad de oro*, por ejemplo, la religión era objeto de mofa, violenta, provocativa y visiblemente vilipendiada. Aquí, en cambio, los signos del cristianismo están sabiamente desviados, pervertidos, pero constituyen una condición de goce muy particular para la imaginería de la película. No se olvide que durante el período mexicano Buñuel había asimilado las fuentes religiosas muy sutilmente y que *Nazarín*, sin ir más lejos, recibió las alabanzas más incondicionales de los jerarcas de la Iglesia. Además, el estallido vanguardista, su rabiosa combatividad estética, había dado paso a un más fino juego con normas y convenciones de géneros de los que Buñuel debía partir, aun cuando su objetivo último fuera desmontar.

En primer lugar, buena parte de los objetos que pueblan *Viridiana* pertenecen al culto y, articulados entre sí, construyen escenas minuciosas y ricas en evocaciones: la corona de espinas, la cruz, el martillo y los clavos remiten al martirologio de Cristo y su destino final (desaparición o consunción en las llamas de la hoguera, como sucede con la corona de espinas) ilustra los destinos de la religión en la película que acaba por evaporarse sin dejar rastro. Incluso el caso de ciertos objetos, como el famoso crucifijo-navaja que fue analizado con anterioridad. demuestra el trabajo del cineasta con el material de base. También la música, diegética o extradiegética, confiere un ambiente religioso, al servicio del fantasma erótico, aunque en la segunda parte reaparece para ser mancillado por los mendigos. Ejemplar de lo primero es el caso del «Et incarnatus est», en el momento en que un cuerpo femenino va a entregarse en lo real al mundo fantasmático que don Jaime revive con el cadáver imaginado de su esposa. La encarnación del tema litúrgico –el cuerpo de Cristo– queda pervertida por la del sentido erótico: el cuerpo de Viridiana ocupa el cuerpo ausente de la muerta

VIRIDIANA

Un cuerpo ausente: el supliciado cuerpo de Cristo.

Rita muestra su sorpresa ante tan extraños fetiches.

(véase el capítulo siguiente). No en menor medida el *Aleluya* de Haendel sirve para describir la explosión de júbilo que se adueña de los mendigos y el baile del Leproso en plena orgía descompone a su vez el fetiche erótico de don Jaime.

Ahora bien, algunas referencias religiosas presentan una extensión y disposición estratégica a la que se une un minucioso trabajo de puesta en escena, en tanto en cuanto su fuente primaria es una composición pictórica más o menos explícita y transformada por la colocación de la cámara ante el objeto de la filmación. Retendré tres de ellas por su variedad, ya que cada una posee particularidades muy distintas de las otras y convoca problemas adicionales. En primer lugar, un cuadro aludido que representa a santa Viridiana, en segundo lugar el célebre *La última cena*, de Leonardo de Vinci, y por último el *Angelus*, de Millet. Ni que decir tiene que la forma de citar tampoco es homogénea en los tres casos.

Un cuadro íntimo: postración de una santa.

Buñuel recordaba que una santa llamada Viridiana había existido realmente y que su imagen había quedado, al menos en su memoria, inmortalizada en la obra de un pintor llamado Chávez: «Aquí, en el Museo de la Ciudad de México, hay un retrato de ella: está con una cruz, una corona de espinas y unos clavos (esos objetos aparecen en la película)» (TURRENT y COLINA, 1993, pág. 117). Nada sabemos de esta obra y ninguna referencia de la crítica o la historiografía nos ha permitido reconstruirla. Sin embargo, en el curso de la primera noche en la mansión (que analizaremos en el capítulo siguiente) encontramos un cuadro muy semejante, ignoro si basado explícitamente en la composición plástica de Chávez: arrodillada en actitud devota, con la cabeza ligeramente inclinada, Viridiana ocupa la parte izquierda del encuadre, mientras que, fuertemente iluminados, aparecen ante ella los mismos instrumentos de la Pasión que el autor señalaba en el cuadro de Chávez y que la novicia había desempaquetado cuidadosamente poco antes. Lo recóndito de la escena (pues la habitación se encuentra cerrada a cal y canto), la oscuridad de la noche (los muebles y demás objetos están sumidos en la penumbra) y la disposición lateral de la muchacha, con su bata blanca, confieren a la imagen un ensimismamiento místico, muy acorde con lo que de ella sabemos. Mas si examinamos la escena con mayor detenimiento, percibiremos dos rasgos intrigantes: el primero es que Buñuel la trata como una imagen congelada, sin doblegarse a ficción alguna. En efecto, un corte abandona a don Jaime tocando el harmonium y nos transporta a esta imagen casi inmóvil. Por si fuera poco, el carácter estático se confirma con el fundido en negro que le sigue. Es como si esta imagen estuviera desgajada de la diégesis, como si representara metafóricamente al personaje, tanto por el carácter hipnótico de la luz, como por su indiferencia respecto al relato.

Sin embargo, esto no es todo y aquí interviene el segundo rasgo que nos intriga. Buñuel no filma la imagen en un plano de conjunto, sino que abre la escena con un plano de detalle de un cojín blanco, dispuesto sobre el suelo de la habitación, con finos encajes y con una iluminación tan intensa que realza los objetos colocados sobre él con el primor y cuidado de quien dispone artísticamente su ceremonial: una gran cruz atraviesa oblicuamente el cojín, la corona de espinas envuelve el cruce entre las dos maderas y proyecta una hermosa sombra sobre el cojín blanco; al lado derecho tres clavos, dos de ellos cruzados y otro dejado en un sospechoso descuido y, por último, desbordando el encuadre por el borde inferior, el martillo, el cual (lo veremos con el *travelling* de retroceso de la cámara) tiene el mango en posición rigurosamente paralela al asta larga de la cruz.

Ningún azar parece haber en la composición plástica, lo que queda confirmado si observamos el encuadre final del plano: a pesar de que se abre la escena al decorado de la habitación, la simetría de la composición y la iluminación que rebota sobre el rostro y la bata de Viridiana cierran la imagen sobre una escena con dos focos de iluminación tan bien compuestos que resistirían mal el movimiento. Por ello se puede conjeturar un origen pictórico para la escena. Justo en ese momento, Viridiana, como en trance, inicia un lento movimiento, y transporta a su pecho un pequeño crucifijo, en gesto amoroso y mimético con la otra cruz, que alude a una escena ausente (el sacrificio de Cristo). Alain Roger, que detectó bien la existencia de esta referencia pictórica, sostiene que la evolución de Viridiana como personaje consistirá en salirse, por así decir, del cuadro de Chávez tal y como aparece «puesto en escena en la película», primero ocultando apresuradamente los objetos de la Crucifixión (cuando Jorge la sorprende en su habitación) y, por último, haciéndolas arder en el exterior de la casa, mientras ella se entrega a Jorge (ROGER, 1992, pág. 170).

Tal vez la cita más célebre que figura en *Viridiana* y que no escapa a ningún espectador, culto o no, es *La última cena*, de Leonardo, parodiada con motivo de la orgía de los mendigos. Esta cita se convirtió en motivo de escándalo, pues se vio en ella blasfemia e irreverencia para con tan sagrada escena del cristianismo, interpretándose exclusivamente como una parodia litúrgica. Ahora bien, cualquiera que haya vivido en los hogares españoles, especialmente con posterioridad a la guerra civil, sabe que esta representación es familiar en este país, no tanto directamente por el cuadro de Leonardo, cuanto por una serie de grabados seriados de sabor algo *kitsch* que lucían en la mayor parte de los comedores o salones. La sencillez de la idea, su cotidianeidad, no resta fuerza a la parodia, mas sí le confiere una ingenuidad y espontaneidad que aleja a este Buñuel de ese otro Buñuel más intelectualista que produjo sus películas en Francia durante los años sesenta y setenta. Además, esta particularidad recuerda el gusto por lo reproducible y lo seriado que mencionamos a propósito del crucifijo-navaja. Añádase a lo dicho que ahí no sólo cabe ver una parodia de la liturgia, sino también una ironía respecto a la fuente pictórica, es decir, a la concepción escénica de la famosa perspectiva aérea del *Cinquecento* pictórico italiano, de la que Leonardo fue el maestro indiscutible y que, por demás, informan y corrigen el modelo escénico de la *perspectiva artificialis* del *Quattrocento* heredado por la imagen cinematográfica. Será, pues, necesario examinar el contexto discursivo en el que irrumpe la cita para comprender mejor la operación que emprende Buñuel con respecto al cuadro original.

En medio de la orgía y antes de abalanzarse sobre el postre, las natillas fabricadas por Enedina, cuando los mendigos se han entregado a la gula y esperan proseguir con otros pecados capitales (la lujuria, la envidia, la ira), éstos, siguiendo una señal convenida entre El Poca y Enedina, posan alrededor de la mesa imitando la plástica escénica de los doce apóstoles en el cuadro de Leonardo. La escena no fue prevista en el guión, sino improvisada en la fase de rodaje. Buñuel lo relata así a Max Aub:

La última cena, de Leonardo da Vinci, y su cita en *Viridiana*.

> Yo no había previsto esa escena que se ha hecho tan famosa de la reproducción de la Cena según Leonardo da Vinci. Pero cuando llegué al *set* y vi la mesa y el mantel blanco y la disposición de los mendigos, pensé en ello. Y entonces mandé buscar cuatro extras más. Porque si tú ves, en la película no hay más que nueve mendigos y en la mesa son trece. Si lo hubiera pensado antes, no me hubiese costado nada poner trece en la película en vez de nueve (AUB, 1985, pág. 67).

En efecto, a todas luces se trata de una imagen incrustada en su inmovilidad en el interior de otra escena en permanente movimiento. Resulta por ello tanto más curioso que Buñuel haga a los personajes detener su ritmo orgiástico para inmortalizarse plásticamente, tanto más cuanto que tal signo de respeto no corresponde ni a su talante ni a su estado de embriaguez.

En suma, de repente se produce algo insólito respecto al clima de jolgorio, peleas y desenfreno que había caracterizado a los mendigos hasta ese momento y lo hará con posterioridad: un silencio sepulcral, respetuoso, y una inmovilidad absoluta, como un «congelado». El fervor con el que se ponen de acuerdo para hacerse la supuesta fotografía contrasta tanto con el resto de sus actitudes como la referencia pictórica quiebra el clima dominante de planificación de la escena en su conjunto. Dicho de otro modo, Buñuel no se esfuerza, ni en esta ocasión ni en las demás, en amoldar su composición cinematográfica al pictoricismo para mejor integrar plásticamente la cita. Nada de eso. Buñuel no actúa aquí ni como Murnau, ni como Dreyer, Eisenstein o Peter Greenaway, y repárese hasta qué punto estos autores son poco homogéneos entre sí. Antes bien, la incrustación de esta escena se percibe claramente como algo burlesco y, por tanto, no hay esfuerzo alguno por ocultarlo. Quizás ello haga la cita más llamativa.

Silencio e inmovilidad son los requisitos necesarios para asimilarse a una pintura y, por demás, los doce mendigos, seis a cada lado de don Amalio, se organizan en grupos de tres, como en el cuadro de Leonardo, imitando sus respectivas posiciones. El centro de la imagen, lugar de Jesucristo en el cuadro de Leonardo, está ocupado por el ciego y lascivo don Amalio. Desde luego, esta asimilación es irreverente y prosigue algo que el propio Buñuel emprendió muchos años antes, cuando rodara *La edad de oro*, presentando la figura de Jesucristo bajo la identidad del depravado duque de Blangis, tomado del Sade de *Las 120 jornadas de Sodoma*. El espíritu beligerante respecto a la religión ha quedado, como vemos, incólume en Buñuel a pesar de los años transcurridos, y ello confirma que este dardo está siempre preparado para ser lanzado contra su diana. Bastaría recordar las características de Amalio, analizadas en el capítulo anterior, para concluir que Jesucristo no sale precisamente bien parado en la comparación (ciego, lujurioso, soplón, iracundo).

Por su parte es Enedina, precisamente la hembra con la que el ciego mantiene comercio carnal, quien se coloca frente a ellos y se dispone a «tomarles una foto», con una «máquina que le regalaron sus papás». El lugar del pintor está, pues, ocupado por una mujer (y lo femenino es, por descontado, impensable en la escena religiosa de Leonardo); la materia también varía: la pintura, envuelta en aura, frente a la máquina fotográfica moderna. El ritual está presente en ambos modelos, aun cuando se trate de un ritual invertido: ceremonial de despedida, expiación, perdón y mensaje de apostolado en *La última cena*; todo ello acompañado del nacimiento del misterio de la transustanciación y la comunión, rituales germinales del cristianismo; por contra, en la escena de Buñuel, ceremonial de exhibición de pecados, goce y desenfreno de los mendigos (recuérdese que cada uno de ellos encarna una figura alegórica de la desgracia: la enana, el ciego, el cojo, el leproso, etc.). Pues bien, en el momento propicio se produce una irrupción sonora, el canto de un gallo, mientras la cámara se aproxima en *travelling* al centro de la mesa en el que se exhibe en pose orgullosa don Amalio. También aquí Buñuel cuela la cita religiosa de tapadillo, pues el canto del gallo contiene en realidad una explícita alusión a la triple negación de san Pedro antes de la medianoche, tal y como subraya el Nuevo Testamento el día del prendimiento de Cristo y como de hecho profetiza amargamente él mismo en la citada cena. Por si faltara algo, en la parte inferior del encuadre figura un vaso de vino, alusión explícita y perversa al cáliz del Cristo, en el mismo instante en que se instituye el sacramento de la comunión.

Sin duda, esta última cita alude a la caridad de Viridiana y anuncia la traición de que está siendo objeto por parte de aquellos a quienes tan generosamente ha auxiliado, pero además pone en relación al soplón de don Amalio con el negador apóstol Pedro. Hay algo más: el objeto que sustituye la mano del pintor no podía ser más carnal y obsceno, pues no se trata en realidad de la moderna máquina fotográfica, sino de un instrumento más primitivo (podría decirse que el más primitivo de la historia del hombre): la «fotógrafa» se levanta las faldas al aire y realiza el simulacro de disparar con su propio sexo, consumando con ello la máxima perversión de la cita. El instante sagrado ha sido desmontado por la irrupción descarada del sexo femenino (excluido en la escena de los apóstoles) en toda su obscenidad y, sin embargo, la situación posee un tono farsesco en lugar de una actitud grave e intelectual. Esta conside-

La oración del Angelus: anacronismo religioso frente a tecnificación del campo.

ración es fundamental para comprender la ingenuidad desenfadada y provocadora de Buñuel y también su carácter de disfrute. Por último, la sencillez de la planificación con que es montada la secuencia confirma que las preocupaciones y la complejidad de pensamiento en Buñuel no dependen del estilismo y ello incluso en una fase madura de su carrera. Apenas siete planos (dos de los cuales están repetidos) y en su mayoría elaborados con tomas frontales y en plano/contraplano le bastan para organizar esta, por otra parte, elaboradísima perversión de la cita religiosa.

La tercera referencia clásica que nadie olvidaría en la película de Buñuel es la oración del «Angelus» situada hacia la mitad del metraje y que tiene lugar en el exterior de la finca. En efecto, en un montaje paralelo de fuerte sabor conceptual, Buñuel opone las tareas de modernización del campo emprendidas por los tractores bajo las órdenes de Jorge con la plegaria del «Angelus» de la tarde dirigida por Viridiana y que se muestra con la aparente devoción de todos los mendigos. Los dos proyectos de vida y los dos destinos que se abren a la hacienda de don Jaime quedan, así, en clara oposición, hasta el punto de que la oración parece doblemente anacrónica al ser enfrentada a la roturación del campo. Dos mundos, dos grupos de personajes que parecen no coexistir en el tiempo, aparecen, así, frente a frente por obra y arte del montaje. Sin lugar a dudas, también el «Angelus» es parte de la formación de Buñuel y éste lo corrompe por su enfrentamiento con la productividad del mundo actual. No es casual si Buñuel recurre en este caso al otro gran mito femenino del cristianismo, el de la virginidad de María. Sabemos que el «Angelus» festeja la Anunciación del arcángel a la Virgen que concebirá en su seno al hijo de Dios. Esto ya nos hace sospechar el anclaje entre sexualidad y religión que Buñuel pretende introducir aquí.

Ahora bien, la elección del objeto no se debe al azar ni carece de razones complejas. Buñuel debería conocer la interpretación que su ex amigo y coguionista de *El perrro andaluz*, Salvador Dalí, realizara en un libro clásico de la interpretación surrealista, *El mito trágico del Angelus de Millet*, en torno a esta enigmática obra de un pintor reconocido como piadoso del siglo XIX, Jean-François Millet, pero del que más tarde se descubrieron ciertos dibujos pornográficos. La referencia, por consiguiente, a la oración está mediatizada por la iconografía de

Millet y ésta a su vez por la lectura e interpretación protagonizada por Dalí. El hecho de que el texto original del pintor catalán se perdiera en 1941 con la evacuación forzosa producto de la ocupación alemana de París y sólo fuera publicado en primera edición francesa en 1963 plantea un problema adicional: ¿conocía Buñuel la integridad de esta interpretación? ¿Fue el azar el que provocó la convergencia de ambas lecturas?

El hecho es que Buñuel y Dalí ya se habían referido a este lienzo de Millet en el cartón y foto fija que cerraban *Un perro andaluz*, que mostraba a los dos protagonistas al llegar la primavera sepultados de medio cuerpo en la tierra, en posición muy similar a las de la pareja del cuadro de Millet. Además, en aquella ocasión la referencia al «Angelus» cerraba el sentido sexual y mortal de una historia de amor concebida en clave de escritura automática. Recordemos sintéticamente el argumento de Dalí con el fin de comprender hasta qué punto, además de un posible guiño privado, la referencia buñueliana pone en marcha buena parte de las obsesiones surrealistas que jamás dejaron de acompañar el itinerario artístico de Buñuel.

En el citado libro, Dalí sostenía una curiosa tesis en torno al cuadro del pintor francés que le servía para sustentar y ejemplificar su método paranoico-crítico. Habiendo sido arrebatado por lo que denominaba un «efecto delirante primario» ligado a una incomprensible e inexpresable angustia, Dalí reconstruía una serie de efectos secundarios desencadenados por una serie de reapariciones en su vida de la tela en cuestión que le llevó a concluir la existencia de misteriosas semejanzas entre la piadosa disposición de la figura femenina en el cuadro religioso y la posición de la mantis religiosa y el macho en el instante del coito y previo a la terrible fagocitación del macho por la hembra, que caracteriza sus violentas y mortíferas relaciones sexuales. De ser así, afirmaba Dalí, el cuadro constituiría un ceremonial de muerte, repleto de elementos eróticos, que convocan la castración y esto se produciría a modo de *collage*, a saber: varias escenas superpuestas en la instantánea del cuadro (el antes, el durante y el después de la cópula). Tan brillante interpretación convence al autor para solicitar un análisis radiográfico de la parte inferior del cuadro depositado en el Museo del Louvre, persuadido de que bajo la tierra pintada debe haber algo que remita inequívocamente a la muerte y confirme de paso su intuición delirante. En efecto, el análisis revela la existencia de un paralelepípedo dibujado y más tarde eliminado por Millet que bien podría ser –dice Dalí– un féretro. Esto, en su opinión, confirma la exactitud de su hipótesis, según la cual algo siniestro se proyecta en lo religioso aunando muerte y ejercicio del sexo.

Como es natural, no se trata aquí de juzgar la corrección de la interpretación de Dalí, sino de que Buñuel, al recurrir al «Angelus», pone en marcha una imaginería como la daliniana que no sólo comparte, sino que invade por entero la película *Viridiana*, como demuestra la necrofilia y la unión religión-sexo. Pero hay más. Si nos fijamos, por ejemplo, en el plano 108 de la película, situado unos minutos antes de la oración del «Angelus», encontraremos algo muy insólito. Viridiana posa para El Cojo, quien está concluyendo su pintura en la que representa a la Virgen, rodeada de angelitos. La muchacha, vestida de negro, con toca y pañuelo alrededor de la cabeza, está sentada sobre una carretilla de labranza idéntica a la que figura en el

El Angelus, de Millet, sobre el que Dalí erigió su método paranoico-crítico.

cuadro de Millet, tras la mujer inclinada que en la interpretación de Dalí evocaba a la mantis religiosa. La semejanza no puede deberse al azar. Y sin embargo la perversión tampoco, pues el *Angelus Domini* encarna en la liturgia cristiana, como dijimos, ni más ni menos que la Anunciación por parte del arcángel San Gabriel del destino que esperaba a María. En efecto, Viridiana sirve de modelo a la Virgen, pero lo hace trayendo a la escena los motivos de Millet-Dalí y bajo los ojos de quien la percibe virginalmente, El Cojo, que será precisamente quien intentará su violación.

Aún puede añadirse algo a lo dicho. Mientras Buñuel filma este cuadro tal y como lo ve El Cojo convertido en pintor devoto, Refugio, Viridiana y El Poca, en presencia del ciego, mantienen la siguiente conversación:

> **Viridiana** (a Refugio): Necesito saber cuánto te falta para dar a luz.
> **Refugio**: ¿Pa' qué?
> **Viridiana**: Mujer, para tener prevenido al médico.
> **Refugio**: No lo sé. Yo creo que unos cuatro meses, pero no se lo puedo asegurar a usted.
> **Poca**: Tampoco sabe quién es el padre. Dice que era de noche y ni la cara le vio.
> **Refugio**: ¡Cállate! Que no te lo he contado pa' que vayas publicándolo.
> **Don Amalio**: ¡A callar! No se debe hablar así y menos en presencia de nuestra santa protectora, que es persona decente.

Precisamente el tema de conversación recae sobre la maternidad y la virginidad y lo hace por añadidura de manera especialmente perversa: así como la Virgen concibió por obra del Espíritu Santo, Refugio ignora también quién fue el que la dejó embarazada. Es realmente difícil ir más lejos en la sutileza de las citas y también en el desmantelamiento de las claves litúrgicas. Pero a todo ello Buñuel le imprime su sentido del humor y no una mera voluntad blasfematoria. En este sentido, *Viridiana*, pese a su trabajo de torcimiento de referencias religiosas y litúrgicas, se sitúa muy lejos de *La edad de oro*, obra con la que por tantos motivos está emparentada.

Un espectáculo de cuerpos

Si algo llama la atención en *Viridiana* es el desfilar de todos los discursos y sus consiguientes mecanismos simbólicos a través de los cuerpos. Y es que *Viridiana* presenta cuerpos sometidos a diferentes metamorfosis, muchas de las cuales casan mal juntas: cuerpos que se deslizan en los límites de lo masculino y lo femenino, intercambiando sus papeles; cuerpos sagrados, intocados y virginales que contrastan rabiosamente con otros mancillados, en su sentido literal y metafórico; cuerpos que recrean ardientemente un goce por la carne sacrificada de la Pasión de Cristo y otros que apelan a la carne gozada en su materialidad de desenfreno en el ritual pagano del Carnaval. En esta red de cuerpos pueden advertirse otras tantas perversiones, pues todas estas «lecturas» se encabalgan y solapan, pese a reconocerse contradictorias. Y, por si fuera poco, la mirada del espectador está llamada a abrochar sus múltiples sentidos, pues ésta es invocada en su polimorfismo perverso.

En palabras más claras, ¿cómo casar la Pasión de Cristo y la vida monástica con el esperpento y el Carnaval? ¿Cómo articular el cuerpo fantasmático recreado por don Jaime con el exceso carnal de cuerpos en descomposición por enfermedades como la lepra? Será, pues, oportuno proceder ordenadamente y preguntarse por el itinerario de los cuerpos, sutiles, etéreos o materiales, alusivos o reales, exhibitivos o deseantes en el interior de la película. Así, la corporeidad de los personajes es coherente en la película con su propia estructura semántica y formal, tal y como ha sido analizada en los capítulos precedentes.

El día encadena al cuerpo, la noche desata el deseo

La primera parte de *Viridiana*, desde la llegada de la novicia a la mansión de su tío don Jaime hasta el suicidio de éste, se halla puntuada por las noches: tres noches en las cuales suceden los acontecimientos centrales. Diríase que la noche se presenta como el tiempo idóneo para lo clandestino e indeclarable; en ella, se desencadenan los deseos y los ceremoniales se celebran celosamente en esas horas en las que nadie observa a los personajes. Las noches parecen cercenadas de los días, como las pulsiones lo están de la razón. Es más: las tres noches transcurridas en la mansión deciden los destinos de los personajes y del relato mismo, se articulan entre sí en una perfecta progresión, en donde se advierten las mudas y transformaciones de los cuerpos imaginarios, referidos, invocados y sufridos. Las tres noches representan escenas en su doble sentido, teatral y psíquico. Seguiremos su transcurso con el fin de describir su complejidad al tiempo que definimos el tipo de corporeidad que construyen.

**Primera noche: cuerpo supliciado,
cuerpo virginal, cuerpo deseado**

La cámara enfoca en picado unos pies masculinos, los de don Jaime, que accionan los pedales de un órgano que interpreta música sacra, y asciende hasta unas manos que actúan sobre las teclas. Un primer cuerpo –masculino– aparece, pues, aludido metonímicamente por estos dos extremos, los pies y las manos; el resto, el hombre, don Jaime, se halla imbuido en la música que interpreta, místicamente extraviado. En otras palabras, este cuerpo aparece denegado en su condición sexual, pues incluso sus ojos aparecen cerrados en un ensimismamiento que lo extrae del entorno terrenal. Un corte nos sitúa en otra habitación de la casa, sin duda tras una puerta cerrada. Los acordes se dejan oír al fondo, mientras otro cuerpo aparece en proceso de metamorfosis: la novicia Viridiana se contempla ante el espejo, se suelta sus rubios cabellos con coqueto gesto (tal vez inadvertido por ella misma, pero escandaloso para una monja), se deshace del corsé y de las medias mostrando sus blancos muslos a la mirada indiscreta del espectador que posee el privilegio de penetrar en un lugar vedado a todos los personajes de la ficción. En pocas palabras, una mujer nace desde el interior de la recatada novicia y la mirada se deleita asistiendo a la escena que transcurre en la más secreta intimidad. Ahora bien, ¿quién osaría mirar con tal indiscreción ese cuerpo entregado a Dios que se desnuda y se observa, con una pizca de ingenua coquetería? Cualquiera que sea el móvil, esta mirada está connotada de perversión.

La cámara regresa junto a Don Jaime. Su castidad y desprendimiento de lo terreno contrasta con el cuerpo femenino en transformación que acabamos de contemplar; sus ojos cerrados chocan también con la mirada de la enunciación (y del espectador) que se paseaba por la anatomía semidesnuda de Viridiana. Disparidad de objetos, separación en el espacio, distinta actitud hacia sus cuerpos, nada parece relacionarlos hasta que la criada, Ramona, inicia un sospechoso intercambio entre el cuerpo masculino que deniega cualquier deseo, descorporeizándose en la música de las esferas que interpreta, y ese otro cuerpo femenino que despunta desde el interior del púdico uniforme de monja. A través del ojo de la cerradura que da a la habitación de Viridiana, Ramona ejerce su voyeurismo en una sorprendente operación usualmente conferida al sexo masculino, contradiciendo el carácter pese a todo masculino de la mirada inmediatamente anterior. Ramona aparta la vista, pero la cámara, animada por su actitud, penetra de nuevo en el interior de la estancia. Es entonces cuando asistimos a la minuciosa construcción de una escena en todos los sentidos que pudiera atribuirse a este término: Viridiana, vestida con una camisa de lino blanco, extrae de su maleta objetos bien reconocibles que remiten al martirio de Cristo. Un nuevo cuerpo es aludido, aun cuando no se encuentre presente sino a través de sus metonimias: la novicia se postra ante los signos que definen el cuerpo supliciado de Cristo y, con esta actitud, provoca un inmediato cortocircuito en el erotismo nacido por la contemplación del cuerpo femenino.[1]

Ahora bien, si la relación entre el personaje masculino y el femenino no es de signo narrativo, Ramona se encarga de traducir lo observado al extasiado don Jaime: el camastro en el suelo, la corona de espinas, la camisa de lino basto que –deduce la criada– debe arañar la fina piel de la muchacha... Estas palabras remiten, sin duda, a la penitencia física de Viridiana, pero no sólo la describen, sino que insisten dolorosamente en lo inerme de su cuerpo sacrificado por mimetismo con el cuerpo supliciado de Jesús. Don Jaime, sin necesidad de ver, asiste al relato y ruega a su criada que se retire, tal vez porque sus palabras despiertan en él algo adormecido.

Entonces accedemos por última vez a la habitación de Viridiana, sin la mediación de Ramona. En ella, la escena ha sido completada, tal y como suponíamos que era el cuadro de Chávez: la cámara subraya en primer plano los utensilios, los fetiches parciales, que nombran la Pasión, a saber, la cruz, la corona de espinas, el martillo y los clavos. Todo alude a instantes bien conocidos por la tradición cristiana, en los que un cuerpo

---

[1]. La noción cristiana de pecado es condición de goce en toda esta parte del filme, no ya para los personaje en cuestión, sino para la misma enunciación. Como dice Buñuel en su respuesta a una entrevista para *Cinema Nuovo* realizada por Adelio Ferrero y Muñoz Suay: «Erotismo sin catolicismo es un erotismo a medias, porque le falta el sentimiento del pecado».

(el de Dios hecho carne) fue profanado, maltratado y, por último, crucificado. La cámara retrocede para mostrar a Viridiana arrodillada en actitud de adoración. La música sacra del órgano de Don Jaime sigue escuchándose desde el exterior. He aquí el cierre de la secuencia: el cuerpo que emergía, el de la mujer, incontenible en el interior del hábito, ha sido domado por la voluntad de penitencia, asimilándose a ese otro cuerpo que aparece sólo aludido por sus metonimias (el de Cristo) y que anuncia una escena ausente, pero vertebradora de la que se encuentra ante nuestros ojos. En suma, el contacto entre don Jaime y Viridiana está mediado e interrumpido a un mismo tiempo: mediado, pues Ramona intenta conectarlo, abriendo un canal a la mirada y fatalmente al deseo; interrumpido, pues cada uno de esos cuerpos, el masculino y el femenino, vive presa de escenas ausentes que, pese a todo, articulan su fe. La primera es algo menos explícita, pero inspira el misticismo o, cuando menos, la ensoñación del hombre; la segunda, es mucho más evidente y alimenta todo tipo de contrastes: cuerpo emergente de mujer frente a cuerpo dominado de novicia; cuerpo supliciado de Cristo frente a cuerpo penitente; cuerpo deseable frente a cuerpo denegado.

Por último, si bien esta escena parece cerrarse con la virginalidad de un cuerpo femenino intocable, trascendido, como parece sugerir la piadosa imagen de la muchacha arrodillada ante los objetos de la Pasión, tras el fundido en negro, la imagen se abre sobre un plano (perteneciente a la secuencia siguiente) de una escandalosa carnalidad y énfasis sexual: las tetillas de una vaca son ordeñadas por una diestra mano que les extrae la leche. A continuación, Viridiana misma llevará su mano a la tetilla, pero la retirará ruborizada. A nadie escapa que este giro reconduce el final de la secuencia anterior y anuncia, además, el destino del filme, es decir, la voluntad de guiar lo místico hacia lo carnal.

Segunda noche: cuerpo fantasmático y cuerpo fantasmal

La segunda noche se abre de forma todavía más íntima y, de nuevo, como si ninguna relación la uniera al día transcurrido. El reloj marca las dos de la madrugada. El silencio reina en la mansión y aparentemente todos se han recogido en sus habitaciones. Un *travelling* se desliza por las paredes hasta mostrarnos, a través del umbral de una puerta, la habitación de don Jaime. Entonces la música comienza a sonar. Se trata del «Et incarnatus est», perteneciente a la *Misa en si menor,* de Johann Sebastian Bach. En la estancia, poderosamente iluminada, don Jaime se encuentra tan ensimismado como la noche anterior. Ahora, en cambio, el sentido de sus actos varía sustancialmente, escorando hacia lo erótico: un arcón está abierto y el hombre se calza un zapato de tacón. Es un zapato blanco, de boda. Junto a él, otros accesorios del traje de novia. Don Jaime desecha el ramillete de flores lanzándolo al aire y se detiene, por contra, a observar un corsé. Como en trance, se levanta, se aproxima a un espejo (curiosa rima con la escena anterior en la que Viridiana hacía lo propio al soltarse los cabellos) y se lo prueba en su cuerpo. La escena de travestismo es clara, aunque Buñuel insistirá en varias ocasiones en que se trata de travestismo fetichista y no de travestismo homosexual.

Escena íntima y realizada en solitario. Conviene, no obstante, preguntarse por la identidad que aquí está en juego. Más tarde, con ayuda de la narración y de las declaraciones de don Jaime podremos reconstruir la historia pasada sobre cuyas cenizas se edifica esta escena. El vestido de boda perteneció a la esposa de don Jaime, al parecer muerta prematuramente en los brazos de su esposo en el curso de la noche de bodas y, presumiblemente, antes de consumar el acto sexual. Este dato ayuda a percibir el verdadero sentido del travestismo: el cuerpo femenino desaparecido es reconstruido en el masculino. Mediante este comportamiento, don Jaime logra resucitar imaginariamente el cuerpo amado y deseado, para lo cual debe cumplir el requisito de transformar su propia identidad sexual. Adoptando la posición femenina con ayuda de los fetiches de la boda, don Jaime recupera imaginaria y fugazmente a su amada perdida para siempre. Pero –claro está– don Jaime debe ser claramente consciente de los riesgos perversos que esto entraña, al tiempo que no deja de conocer la irreversibilidad (y, por tanto, la inutilidad última) de su comportamiento. En otras palabras, no se trata de un sueño ni de la locura, sino de una operación, quizá enigmática en algún punto, pero en nada inconsciente.

He aquí una descripción sorprendentemente ajustada de lo que el psicoanálisis denomina «fantasma» y Freud bautizó con el nombre de fantasía: «Guión imaginario en el que se halla presente el sujeto y que representa, en forma más o menos deformada por los procesos defensivos, la realización de un deseo y, en último término, de un deseo inconsciente».[2] Es, con todo, necesario matizar algo más, pues el fantasma parece a menudo desgajado de la vida psíquica, a diferencia de lo que Freud llamaba «formaciones del inconsciente» (síntomas, sueños y actos fallidos). En efecto, si el médico vienés comenzó denominando a estas escenas «sueños diurnos» o ensoñaciones fue para oponerlas a los sueños, ya que percibía claramente que el fantasma no era una formación del inconsciente. De hecho, el sujeto se encuentra ante el fantasma como ante su bien más íntimo, preciado y satisfactorio. Nada en él parece, en principio, encerrar ningún enigma, aun cuando el fantasma está a menudo reñido con los valores morales del sujeto. Jacques-Alain Miller lo formuló con ayuda de un concepto claramente lacaniano, el goce: «El fantasma es como una máquina para transformar el goce, pues por su propio movimiento el goce no se dirige hacia el placer sino hacia el displacer».[3] Así, si la idea de goce implica tal intensidad que aniquila la distinción entre placer y displacer, el fantasma trata de domesticar ese goce y tornarlo soportable o incluso placentero.

En efecto, no nos sería difícil desde este punto de vista comprender la situación recién descrita: don Jaime se reencuentra con aquello que perdió para siempre (su esposa y, muy en particular, la posibilidad de su posesión sexual), pero para consumar este encuentro debe suspender una realidad sofocante (la condición de cadáver de la amada) y otorgarle su propio cuerpo masculino, metamorfoseándolo hasta hacerle encarnar una posición femenina. Ahora bien, esta posición femenina no significa una transformación íntegra de su cuerpo, pues es complementaria del mantenimiento de lo masculino, ya que él mismo contempla, como hombre, su feminización. Precisamente de este juego perverso nace el placer.

Hablábamos de travestismo. Sin embargo, la intimidad celosa de la escena parece reproducir algo que no es singular ni único y que sucede de una vez por todas, sino más bien algo constante. Podemos, pues, suponer que esta escena ha sido recurrente, tal vez inmutable, durante muchos años y confirma la intensa vida interior de don Jaime en contraste con su escasa vida social. El cuerpo de la amada es reconstruido a través de nuevas metonimias, pero éstas remiten a un momento muy preciso: la noche de bodas y, por tanto, la muerte. Curioso instante

2. Laplanche y Pontalis (1981, pág. 138).

3. Miller (1983, pág. 20).

de fractura entre lo sagrado del rito religioso (explícito en los utensilios del vestido blanco virginal) y la inminencia de lo sexual (extraviada para siempre), este cuerpo es un ausente que alude, transformándola, a otra escena. Algo de ese cuerpo femenino reaparece en el masculino. Ahora se entiende la alusión del «Et incarnatus est» de la *Misa* de Bach, así como el retorcimiento que Buñuel impone a su significado original: lo que se encarna por medio del travestimiento no es el Verbo divino en el cuerpo de Cristo, sino más bien el cuerpo amado y deseado de la mujer en el masculino, que se le ofrece en préstamo. Ésta es, pues, la economía del fantasma: con él el sujeto se preserva del dolor insoportable de la pérdida, como si resucitara (desde luego, imperfectamente) el objeto del deseo y además lo disfrutara. Pero la escena no concluye aquí.

La ritual monotonía del fantasma se quiebra por un repentino ruido. La vergüenza se adueña de don Jaime, que esconde el corsé. Una mujer, Viridiana, entra en la habitación, pero pronto advertimos que lo hace en estado de ausencia. El sonambulismo confiere a sus actos un poder simbólico muy denso, mas al mismo tiempo preserva la clandestinidad del fetichista. Con su camisón blanco de lino, descalza y meciendo un cesto en sus brazos, como si de un bebé se tratara, se aproxima a la chimenea donde crepita el fuego, se arrodilla dejando ver de nuevo sus blancos muslos y arroja diversos ovillos de lana a la hoguera. La mirada de don Jaime, quien apenas sale de su asombro, es ahora impune: un *voyeur* que está dentro de la escena que observa y, sin embargo, no puede ser descubierto. Posición ideal y envidiable para cualquier mirón. El cuerpo femenino que él con tanto esfuerzo reconstruía en su fantasma aparece como duplicado por el de Viridiana, cuyo parecido con la mujer muerta es sorprendente. Y aquí, sin saberlo, Viridiana viene a incrustarse en el corazón del fantasma de don Jaime: para él es como si la difunta reapareciera resucitada. Y lo cierto es que ya no podrá recobrarse de tamaña impresión.

Una vez más queda confirmado el sentido de la expresión «Et incarnatus est», y en un sentido complementario del anterior: el cuerpo femenino se hace carne, el momentáneo extravío de su mente no desmiente la carnalidad de su exhibición. En otros términos, el cuerpo fantasmal de Viridiana atrae las miradas de quien no tenía por deseo sino un cuerpo desaparecido. Y así, el cuerpo fantasmático recreado por don Jaime da paso al cuerpo espectral de la sonámbula Viridiana, quien realiza un críptico ritual en el que purifica y se desembaraza al mismo tiempo de utensilios asimilados tradicionalmente a la condición femenina; condición ésta que, como sabemos, pretende abandonar para siempre en breve al pronunciar sus votos. Acto seguido, Viridiana recoge cenizas de la lumbre, las amontona en su cesto ya vacío y las transporta al lecho impecable y sin ninguna arruga de don Jaime (con toda probabilidad el lecho nupcial), expiando el pecado que allí pudo cometerse, en deseo o en acto.[4] Pero cabe también otra lectura desde el punto de vista de quien realiza la acción: ¿es el peligro del sexo para sí misma lo que exorciza Viridiana con su acto? La película no ofrece respuestas inequívocas, pero probablemente legitima *a posteriori* ambas lecturas, pues en ese mismo lecho Viridiana sufrirá no pocos sinsabores.

Ante el estupor de don Jaime, la novicia se aleja en dirección a su habitación. Ahora sus pies descalzos parecen púdicamente rozados por la túnica que viste. Se han deserotizado. Son los pies del Nazareno, no ya los de una mujer deseable. En suma, los cuerpos se desdoblan: el masculino, denegado, de don Jaime; el evocado de la esposa muerta; la mirada masculina de don Jaime sobre el cuerpo deseable de Viridiana, el cuerpo de madre negado por ella misma; el cuerpo sacralizado por la referencia al Nazareno; el cuerpo evanescente de la muchacha... Los cuerpos pueblan estas escenas nocturnas hasta llevarlas al borde del estallido y, pese a todo, sorprende la contención mágica que las preserva todavía.

Una comparación ayudará a captar mejor el particular tratamiento semántico que Buñuel da al retorno de la muerta. Algo similar encontramos en uno de los mayores clásicos de la historia del cine, *Vértigo* (ALFRED HITCHCOCK, 1958): la mujer amada, fallecida en terribles circunstancias, Madeleine (Kim Novak), vuelve de entre los muertos bajo la forma de otra-la misma para encarnar el fantasma del protagonista Scottie (James Stewart). También éste es un fetichista y viste a la nueva mujer, cuyo parecido con la muerta es enorme (y que es la misma, como sabemos), con los mismos trajes de la difunta, la calza con sus mismos zapatos, la peina de idéntica manera y, por último, la lleva al mismo lugar donde ocurrió la desgracia para garantizarse una segunda oportunidad que concluye trágicamente como la primera. De este golpe, Scottie no se repondrá y, por eso, el

4. Pensamiento, palabra, obra u omisión son las cuatro formas de pecar que reconoce el cristianismo y Buñuel es rigurosamente fiel a esta idea.

último plano nos lo presenta contemplando el abismo, curado del vértigo que padecía, pero aniquilado como sujeto. Buñuel, en cambio, confiere una dimensión menos trágica a su personaje, le permite el fingimiento, en suma, la distancia, impensable en la intensidad siniestra y trágica de *Vértigo*.

Tercera noche: la imposible sustitución del cuerpo amado

Don Jaime, viendo pronta la partida de Viridiana, solicita una representación que resulta a todas luces inevitable como corolario de lo anterior: Viridiana deberá encarnar a su tía, vistiendo el traje de novia. La interrupción del fantasma durante la noche anterior y, en particular, la oferta tácita y, por supuesto, inconsciente por parte de Viridiana de sustitución hará en adelante impracticable para don Jaime la comodidad (dolorosa, sin duda) del fantasma y su repetición. La promesa de su encarnación ha surgido en esa intrincada noche y la solicitud de don Jaime, aunque rechazada en un primer momento como farsesca por su sobrina, acaba siendo concedida. El cuerpo de Viridiana, novicia desde cuyo interior vimos surgir una mujer, va a dar un paso más y representar a una mujer dispuesta al sexo, es decir, en su noche de bodas, aun cuando lo sea en régimen de simulación. Sin saberlo o, al menos, considerándose protegida por el clima de representación que don Jaime le ha garantizado, la novicia es percibida por los ojos del espectador como algo diametralmente opuesto a la monja que ha renunciado a los placeres de la carne; antes bien, su vestido de novia, el candelabro y su peinado en nada recuerdan ya a la púdica novicia que vimos apenas diez minutos antes.

Así pues, Viridiana ofrece su cuerpo a un espectáculo en vivo del fantasma, ya desmoronado, de don Jaime que pugna peligrosamente por hacerse real. La oferta de matrimonio de don Jaime fracasa, y entonces la estrategia de éste varía: le administra un somnífero e intenta violarla. Retengamos de todo esto una imagen: el cuerpo inerte de Viridiana es conducido al lecho de don Jaime por éste. Al son del «Cum Sanctis Tuis», procedente del *Requiem* de Mozart, el hombre la extiende sobre el lecho, cruzando sus manos sobre el vientre. Un cuerpo anfibológico, pues apunta en una doble dirección: por una parte, recuerda (a don Jaime) el cuerpo de la amada antes de ser desnudada para realizar el acto sexual; por otra, también alude al cadáver de la esposa que, según el relato del marido, falleció aquella fatídica noche perdida en el pasado. Con el cuerpo fantasmático hecho carne, don Jaime persigue su segunda oportunidad, a saber, realizar el acto que, al parecer, le fue imposible el día de su boda, pero comportándose así pone en marcha una perversión necrofílica. Intenta, pues, forzar el cuerpo dormido y sin voluntad de Viridiana. Pero la estabilidad de su fantasma se tambalea: la máquina compleja que transformaba su tragedia en un acto perverso de placer no puede quedar incólume ante la mera posibilidad de realizar en lo real el acto sobre cuya falta se constituyó la escena imaginaria. Retengamos algunos rasgos del montaje, pues en su simplicidad formal, Buñuel concentra la mayor intensidad semántica.

La muerta y la amada deseada en un mismo cuerpo: necrofilia.

Un plano de conjunto lateral muestra a don Jaime penetrando en su dormitorio. La cámara lo acompaña hasta el lecho, donde, dormida, reposa Viridiana vestida de novia. El hombre le descubre el velo del rostro, le coloca una cofia, quizá el último de los detalles para que la semejanza sea perfecta, y le cruza las manos sobre el pecho para ofrecer esa actitud serena que tienen los cadáveres expuestos. La cámara asciende y lo muestra en un plano medio lateral: sus ojos salen literalmente de sus órbitas. El contraplano, de riguroso punto de vista, nos muestra un *travelling* de avance hacia el cuerpo inerte de la muchacha, tumbada en la cama. La ambigüedad de esta visión deseante es de una riqueza inigualable: se trata de la muerta y la amada al mismo tiempo, o más precisamente de la amada muerta o, incluso, de la resurrección de la amada tal y como quedó inmutable años atrás, en la noche de bodas. Pero con la curiosa salvedad de que la apariencia de este cuerpo resucitado es también la de una muerta. Toda la ambigüedad del sentimiento y la perversión de don Jaime quedan paladinamente encarnados en este espectacular *travelling* hacia el cuerpo que lanzan unos ojos desprendidos para siempre del cuerpo al que pertenecen. El resto de la escena estará puntuado por las miradas, como dijimos, de Rita encaramada a la ventana: el desvestimiento de ese cuerpo que enciende el deseo y que remite, además, al cadáver, la ebúrnea desnudez de los pechos, el beso y la crisis del anciano.

Así pues, Don Jaime debe desistir de su empeño. Y es que un fantasma se construye a menudo en contradicción con los valores morales del sujeto. Hacerlo público o realizarlo equivale a quebrarlo. Además, su asentamiento imaginario se desmonta al emerger un cuerpo real que permite lo imposible (retroceder en el tiempo, recuperar aquella escena de la boda) y, por esta misma razón, ya hará para siempre ineficaz el trabajo psíquico de domesticación del dolor. En suma, el trabajo psíquico del fantasma ha sido anulado por la intromisión de Viridiana y por consiguiente la posibilidad de hacerse real.

Una vuelta de tuerca añade Buñuel a esta escena: toda ella es contemplada por unos ojos femeninos, retornando al voyeurismo que poco antes había protagonizado Ramona. No obstante, en esta ocasión quien ejerce tal función es la niña Rita. Torcedura de la perversión: la escena en la que se tambalea el fantasma masculino y en la que se ensaya una violación no consumada será observada por Rita, quien apunta con una hipérbole sexual al clima pulsional que se ha adueñado de la casa: un «toro negro grandote que no cabe por la puerta y entró por la alacena», dice a Moncho.

Desde la ruina de la estabilidad lograda y garantizada por el fantasma, es lógico que don Jaime se quite la vida. Su paz ha sido turbada y el fantasma se ha hecho real, para acto seguido desaparecer por siempre.

LUIS BUÑUEL

Último movimiento: del cuerpo fantasmático a la explosión carnal

El suicidio de don Jaime desencadena, como ya vimos, el nacimiento de otra película, de la cual se encuentra ausente el universo psíquico tan minuciosamente elaborado hasta el momento. La misma Viridiana siente que algo ha cambiado y mantiene una sola renuncia: el sexo.

Ahora bien, ¿acaso desaparecen los cuerpos en esta segunda parte articulada en torno a la acción en lugar de la meditación? En absoluto, si bien tiene lugar el abandono de toda sutileza psíquica y el paso a la desbordante carnalidad de los mendigos: mugrientos, de sexualidad animal, dando muestras de crueldad, esta corte de desdichados anuncia un univer-

Don Jaime contempla extasiado la reencarnación de su esposa muerta.

so demasiado real donde ninguna fantasía confortable puede actuar. Si, aun así, Viridiana aplica sobre ellos una disciplina no exenta de caridad, su castigo será tanto más cruel. Detengámonos para describir este giro que tiene lugar cuando los mendigos toman la mansión y emprenden una sistemática profana-

VIRIDIANA

Sacrilegio de los fantas-
mas burgueses.

ción de los objetos sociales y fantasmáticos, acabando con el intento frustrado de violación de la benefactora Viridiana. En este momento tiene lugar una perversión, mas habría que otorgar a este término su sentido social, en lugar de su valor psíquico dominante hasta aquí.

Buñuel, sin embargo, no parece olvidar que la habitación en la que se desenfrenan los mendigos estuvo poco antes empapada de misterios erótico-religiosos y guarda, al menos en el espectador, la memoria de esos acontecimientos. Retengamos el caso del Leproso citado a propósito del análisis de los personajes, que es el encargado de lucir en su cuerpo enfermo y putrefacto los objetos fetichistas de la fantasía de don Jaime. Destinos de la carne: no se puede ser más rotundo en la profanación de los fetiches, como tampoco ir más lejos en el desmantelamiento del fantasma. En otras palabras, una carne etérea, puro espejo de contemplación (la recreación de la muerta

La última metamorfosis de Viridiana: la mujer.

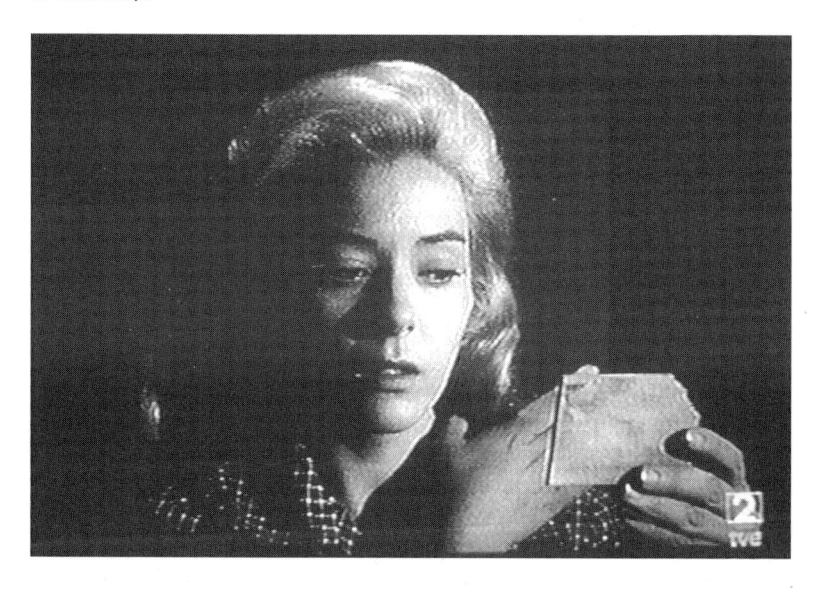

jamás poseída), pasa ahora a manos de un cuerpo corrupto, de contundente realidad y ninguna concesión imaginaria. El Carnaval, con su carne rebosante y –esto es cosecha de Buñuel– putrefacta, ha dado el golpe de gracia a la sofisticación del fantasma. El «Et incarnatus est» cobra aquí un tercer sentido que desmonta los dos anteriores aunque los evoque. No en vano la escena concluirá con el segundo intento de violación de Viridiana, analizado en otro apartado.

En suma, *Viridiana* condensa un itinerario inusual de los cuerpos, no ya por su rigor, sino sobre todo por su heterogeneidad: lo que comienza interpelando al espectador por su incorporación a un fantasma sufre, en la segunda parte, un cambio de registro donde una carnalidad rebosante e incontrolada, cuyo modelo es el Carnaval, impone un clima de materialidad en el que ninguna concesión se hace a la psicología. Sólo un cuerpo circula por estos márgenes, desafiando a los discursos tanto como a las fantasías que intentan apresarlo: el cuerpo –o, mejor, los cuerpos– de Viridiana, novicia, objeto de fantasmas y deseo y de crudo sexo para, por último, convertirse en mujer.

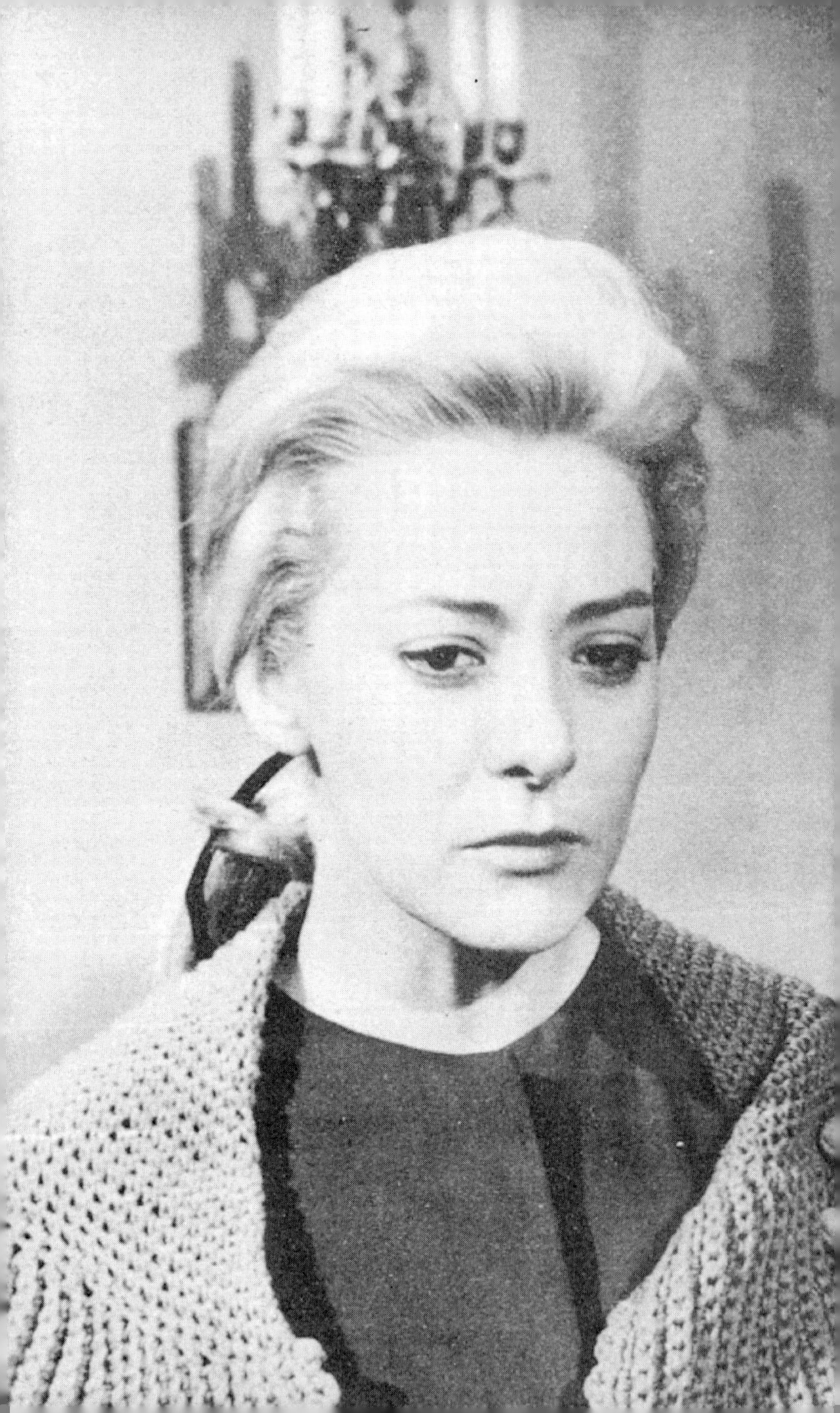

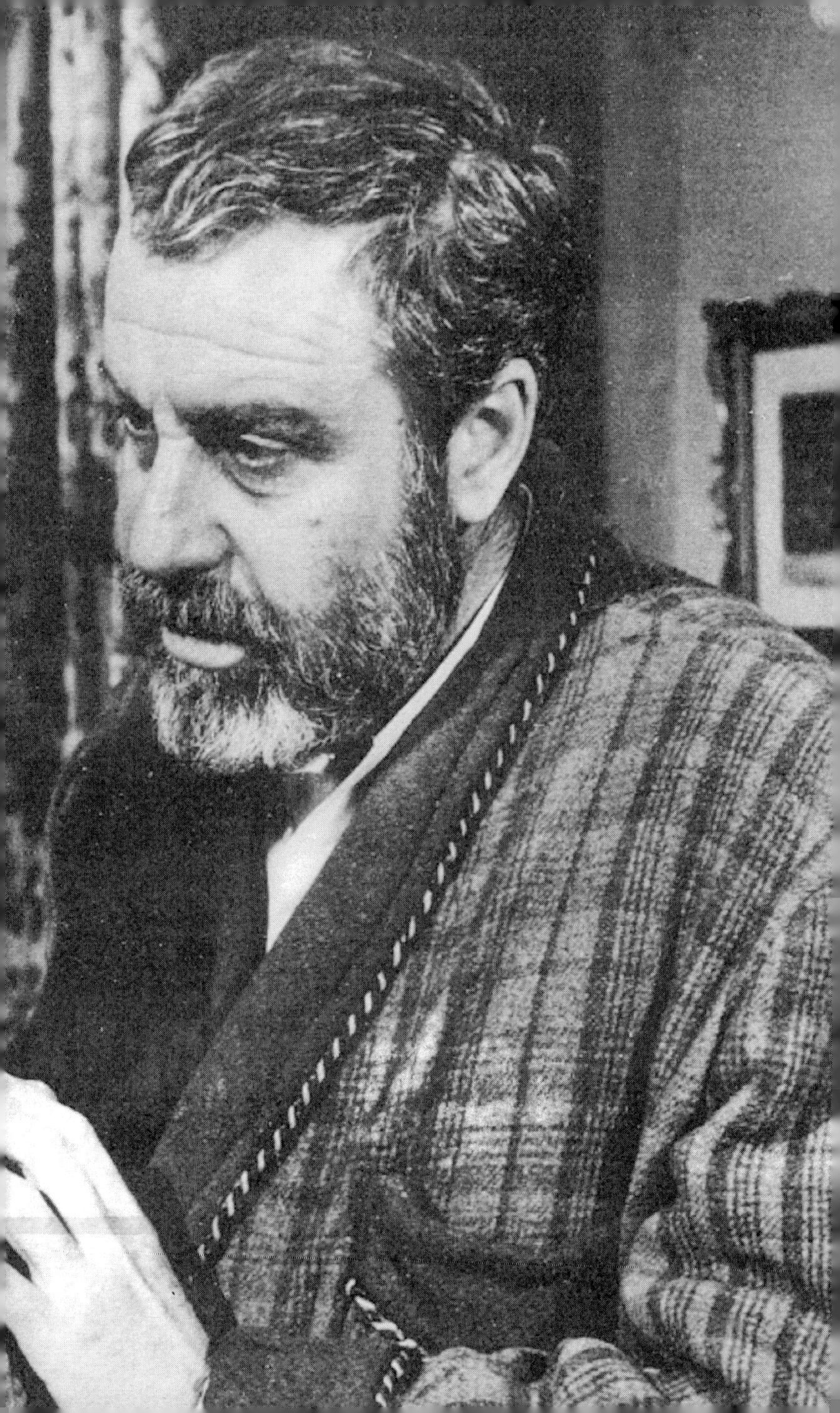

LUIS BUÑUEL

Viridiana, sonámbula, realiza actos ceremoniales ante los pechos de la estatua y la mirada impune de don Jaime.

Documentación

Ficha técnica y artística

Título original **Viridiana** (España/México, 1961)
Producción **Gustavo Alatriste (México), UNINCI (España), Films 59 (Pedro Portabella, España)**
Productores ejecutivos **Ricardo Muñoz Suay y Pedro Portabella**
Director **Luis Buñuel**
Argumento y guión **Julio Alejandro y Luis Buñuel**
Ayudantes de dirección **Juan Luis Buñuel y José Puyol**
Fotografía **José Fernández Aguayo,** en blanco y negro
Director artístico **Francisco Canet**
Música *El Mesías*, de **Haendel**; *Requiem,* de **Mozart** (selección de **Gustavo Pittaluga**)
Jefe de producción **Gustavo Quintana**
Montaje **Luis Buñuel y Pedro del Rey**
Sonido **Klangfilm-Magnetocord**
Ingeniero de sonido **A. García Tijeras**
Duración **90 minutos**

Intérpretes
Viridiana **Silvia Pinal**
Don Jaime **Fernando Rey**
Jorge **Francisco Rabal**
Ramona **Margarita Lozano**
Lucía **Victoria Zinny**
Rita **Teresa Rabal**
Don Amalio **José Calvo**
El Poca **Luis Heredia**
Don Ezequiel **Joaquín Roa**
El Cojo **José Manuel Martín**
Enedina **Lola Gaos**
El Leproso **Juan García Tienda**
El Pelón **Sergio Mendizábal**
Mendigos **María Isbert, Joaquín Mayol, Palmira Guerra, Milagros Tomás, Alicia Jorge Barriga**

Sinopsis

Antes de pronunciar sus votos, la novicia Viridiana visita por orden de su superiora a su tío y bienhechor don Jaime. Desde la muerte dramática de su esposa durante la noche de bodas, este hidalgo vive en soledad y tan sólo es atendido por una criada de la familia, Ramona, su hija Rita y algunos sirvientes. Al comprobar el sorprendente parecido de Viridiana con su tía, la esposa de don Jaime, éste utiliza todas sus argucias para conseguir que la joven se quede con él. Al fracasar, la narcotiza e intenta violarla, pero a última hora se avergüenza de su comportamiento y no consuma el acto. Viridiana, turbada, parte al día siguiente, mas el suicidio inesperado de don Jaime le hace recapacitar, renuncia a la vida monástica y pone en práctica la caridad reuniendo, en la hacienda que don Jaime le ha legado, a un grupo de mendigos. Por su parte, Jorge, hijo ilegítimo de don Jaime que comparte la herencia con la muchacha, se propone hacer productivos los campos hasta entonces abandonados.

Una noche en que los dueños se han ausentado, los mendigos toman al asalto la casa y organizan una orgía que concluye con un mayúsculo destrozo y casi con la violación de Viridiana. Expulsados los mendigos y restablecido el orden en la mansión, Viridiana decide buscar la compañía sexual de Jorge, quien por su parte ya ha convertido a Ramona en su amante.

Selección de textos

> Viridiana es la película que continúa más estrechamente mi trayectoria de cineasta desde que rodé *La edad de oro* treinta años antes. De toda mi obra, esas dos películas son las que he dirigido con mayor sensación de libertad.

LUIS BUÑUEL

> Estoy contratado por Alatriste, el marido de Silvia Pinal, que llega el lunes a Madrid (Torre de Madrid, Plaza de España) para hacerle un filme. Durante casi cuatro meses he trabajado en el asunto que es original con ligeros plagios sobre mi obra pasada. He tenido *libertad absoluta*. Si el resultado no es mejor la culpa es mía. Adjunto te envío una sinopsis. Gustavo Alatriste quiere hacerlo en España, cosa que he aceptado y le he dicho que se ponga en contacto contigo por si se convierte en una coproducción. La sinopsis no descubre, como es natural, los detalles del filme, que a mi juicio serán lo mejor. Los mendigos, su conducta, el personaje del tímido don Jaime, ciertas situaciones místico-eróticas, etc., etc. Como verás, es un filme "formalista". No es una fantasía, sino una réplica más de ese famoso realismo español. Creo que es comercial a mi manera. Ojalá os arregléis con él. También le he dicho que hable con mi buen amigo Portabella.
> Si no os ponéis de acuerdo y fuese a España a realizar el filme cuyo título es *Viridiana*, hablaríamos *seriamente* para hacer algo con vosotros para fines de año.

LUIS BUÑUEL a RICARDO MUÑOZ SUAY, México, 8 de octubre de 1960

> Cuando el guión estuvo terminado, lo leí en casa de Silvia Pinal, a ésta, Gustavo Alatriste y al propio Luis. Cuando terminé hubo un largo silencio. Fue un minuto, quizá dos de gran tensión. Luis y yo nos mirábamos, extrañados de su falta de comentarios. Gustavo sonreía y, de repente, soltó una carcajada y repitió un latinajo que recordaba del guión. Silvia, más sensitiva, dijo con cierta preocupación: "Don Luis, no entiendo bien al personaje, me confunde. Siento que es un gran desafío para una actriz, y quiero hacer el papel, pero no sé cómo. Me pongo en sus manos. Guíeme. Dígame esto quiero, y yo le prometo hacerlo". Y lo hizo. Pocas actrices hubieran sido capaces de tal acto de humildad.

JULIO ALEJANDRO

> Aunque haya quien lo ha dicho, *Viridiana* no es una película surrealista, porque la escritura surrealista es una escritura automática, y *Viridiana* tiene un argumento lógico, un encadenado de los hechos... Julio Alejandro y yo le dimos una arquitectura dramática, y verosimilitud a los personajes. Lo que sí hay es un espíritu surrealista en el significado de la película, y también en su humor.

LUIS BUÑUEL

> Prohibida. Blasfema, antirreligiosa. Crueldad y desdén con los pobres. También morbosidad y brutalidad. Película venenosa, corrosiva en su habilidad cinematográfica de coordinación de imágenes, sugerencias y fondo musical.

Informe de uno de los censores

> Erotismo sin catolicismo es un erotismo a medias porque le falta el sentimiento del pecado. Creo que santo Tomás dice que incluso entre cónyuges casados cristianamente el acto de la cópula es pecado venial.

Entrevista con ADELIO FERRERO y R. MUÑOZ SUAY

> Tuvieron que darse determinadas condiciones para que *Viridiana* fuera un milagro, santificado por el papismo y la crítica universal. La primera condición fue el exilio y la nostalgia de Buñuel. Después de ésta, estas otras condiciones: las conversaciones que en 1959, en México, Paco Rabal, Fernando Rey, Bardem y yo mantuvimos con el realizador y nuestras constantes invitaciones para que filmara en España con la nuestra-vuestra productora UNINCI. La amistad de Domínguín con Buñuel años antes, gracias en especial, al papel que Alfonso Buñuel, fallecido durante el rodaje de *Viridiana*, representó como embajador del surrealismo y de su hermano en Madrid. El conocimiento en 1960, en Cannes, de Carlos Saura y la visión de *Los golfos* fueron decisivos.

RICARDO MUÑOZ SUAY

> Aquí no hay ya referencia literaria ni plástica, más allá del hecho de que Buñuel pertenece al mismo país que Goya. Se trata del filme más realista de Buñuel, el más claro en su significación, el de estilo más puro y, por tanto, el de alcance más eficaz.
> »En el edificio ternario que constituye con *Un perro andaluz* y *La edad de oro*, *Viridiana* ocupa el ala izquierda. Es la flecha más hermosa, la más afilada que haya sido creada por el Buñuel más criminal y más constructivo, el cineasta más moderno del mundo.

GEORGES FRANJU

> Durante la filmación de *Viridiana* he podido apreciar la habilidad de Luis Buñuel y su increíble seguridad en el oficio. En general, rueda un plano por escena, después realiza dos o tres *raccords* a insertar, todas esas tomas con la cámara montada en una pequeña grúa o en una *dolly*.
> La técnica no le interesa a Luis, pero él no la desdeña. Hábilmente, toma él mismo fotos de las marcas, con un gran cuidado, casi meticulosamente. Antes de que las localizaciones sean "vistas y aprobadas", reflexiona, medita, interroga a unos y otros. Duda todavía, da una impresión de incertidumbre y de falta de seguridad. En esos días y en los días de rodaje camina preocupado, con la cabeza ligeramente inclinada sobre el pecho, absorto, cabizbajo. Pero en cuanto la acción está lista, se le ve lleno de vitalidad y juventud, pese a sus sesenta y un años, siempre atento al menor movimiento del actor, siempre amable, concienzudo, aun afectuoso. Luis filma en una atmósfera de amistad y de camaradería incomparable. Apenas, a veces, un grito del asistente o del jefe de producción.

CARLOS SAURA

> Hasta podemos trasponer a varias escenas de esta segunda parte títulos de los disparates goyescos: «Disparate pobre», a la entrada de los mendigos de la Casa Grande; «Disparate alegre» y «Disparate de Carnaval», a las escenas del desenfreno orgiástico; y "Disparate furioso", cuando el ciego Amalio destroza a palos la mesa del banquete. Asimismo, la pintura negra, dos viejos comiendo las natillas, encuentra su equivalente en la escena de El Poca y Ezequiel

comiendo natillas. Y sobre todas estas escenas de *Sabbath* planea la imagen de las brujas voladoras de Goya.

VÍCTOR FUENTES

Viridiana constituye el filme delirante con el que Buñuel ha dado al cine español el equivalente cinematográfico de *El Buscón*, *Los sueños*, la picaresca, Galdós. No es la única España que debemos ver, pero es una de las auténticas. Al realizar esta obra, verdaderamente artística (…), Buñuel no se proponía hacer otra cosa que presentar su visión española.

J. FRANCISCO ARANDA

En la trama, guión y diálogos de la película no se manifiesta que la religión del Estado quede "vilipendiada" en el sentido que determina la norma prevista en el artículo 402 del Código Penal, ya como institución, ya en sus manifestaciones rituales o afirmaciones dogmáticas.
La actitud de la película hacia la religión católica no es ni el desprecio, ni la ignorancia de los inmanentes y altísimos valores atribuidos a la religión de sus componentes, ni la negación de sus virtudes ético-sociales.
Por el contrario, en la película se manifiesta un juicio crítico que, aun nutrido por un simbolismo de mal gusto, aparece al mismo tiempo colmado con el profundo amor del director por su tierra y con un ansia de libertad y protesta.
En definitiva, el problema que plantea la película puede sin duda compartirse o no aceptarse, pero la polémica anticatólica, que sin duda se deja entrever, aparece siempre de forma ocasional y jamás alcanza los límites de la ofensa.

Acta del 16 de febrero de 1963 de la Fiscalía General de Roma sobre *Viridiana*

Prohibida. Debe prohibirse por dos razones principales: la segunda es que, en película tan conocida y comentada como ésta no pueden introducirse las modificaciones que serían precisas, y la primera es que, aunque se pudiera suprimir totalmente la sacrílega –y gratuita– escena en que se hace escarnio de la Sagrada Cena, sólo el haberla realizado justifica la prohibición.

Informe de un censor con motivo de revisión el 20 de enero de 1969

Rigor racional: cada una de sus películas, desde *La edad de oro* hasta *Viridiana*, se despliega como una demostración. La imaginación más violenta y libre al servicio de un silogismo cortante como un cuchillo, irrefutable como una roda: la lógica de Buñuel es la razón implacable del Marqués de Sade. Este nombre esclarece la relación entre Buñuel y el surrealismo: sin ese movimiento habría sido de todos modos un poeta y un rebelde; gracias a él, afiló sus armas. El surrealismo, que le reveló el pensamiento de Sade, no fue para Buñuel una escuela de delirio sino de razón: su poesía, sin dejar de ser poesía, se volvió crítica. En el recinto cerrado de la crítica el delirio desplegó sus alas y se desgarró el pecho con las uñas. Surrealismo de plaza de toros pero también surrealismo crítico: la corrida como demostración filosófica.

OCTAVIO PAZ,
El cine filosófico de Buñuel

Filmografía

Como director

Un perro andaluz (Un chien andalou, Francia, 1928)
La edad de oro (L'âge d'or, Francia, 1930)
Las Hurdes/Tierra sin pan (España, 1932)
Gran Casino (México, 1946)
El gran calavera (México, 1949)
Los olvidados (México, 1950)
Susana/Demonio y carne (México, 1950)
La hija del engaño/Don Quintín el amargao (México, 1951)
Una mujer sin amor (México, 1951)
Subida al cielo (México, 1951)
El bruto (México, 1952)
Robinson Crusoe (México-EE.UU., 1952)
Él (México, 1952)
Abismos de pasión (México, 1953)
La ilusión viaja en tranvía (México, 1953)
El río y la muerte (México, 1954)
Ensayo de un crimen/La vida criminal de Archibaldo de la Cruz (México, 1955)
Así es la aurora (Cela s'appelle l'aurore, Francia-Italia, 1955)
La muerte en este jardín (La mort dans ce jardin, Francia-México, 1956)
Nazarín (México, 1958)
Los ambiciosos/La fièvre monte à el Pao (Francia-México, 1959)
La joven (The Young One, México-EE.UU., 1960)
Viridiana (España-México, 1961)
El ángel exterminador (México, 1962)
Diario de una camarera (Le journal d'une femme de chambre, Francia, 1964)
Simón del desierto (México, 1965)

Bella de día (Belle de jour, Francia, 1966)

La vía láctea (La voie lactée, Francia, 1968)
Tristana (España-Francia-Italia, 1970)
El discreto encanto de la burguesía (Le charme discret de la brougeoisie, Francia, 1972)
El fantasma de la libertad (Le fantôme de la liberté, Francia, 1974)
Ese oscuro objeto del deseo (Cet obscur objet du désir, Francia, 1977)

Ayudante de dirección

Mauprat (Jean Epstein, Francia, 1926)
Carmen (Jacques Feyder, Francia, 1926).
La sirène des tropiques (Henri Etievant y Marius Nalpas, Francia, 1927)
La chute de la maison Usher (Jean Epstein, Francia, 1928)

Productor ejecutivo, supervisor y otros

España leal en armas/Espagne 37 (España-Francia, Roman Karmen, 1937, reunión de material por Buñuel)
Don Quintín el amargao (Luis Marquina, España, 1935)
La hija de Juan Simón (José Luis Sáenz de Heredia, España, 1935)
¿Quién me quiere a mí? (José Luis Sáenz de Heredia, España, 1936)
¡Centinela alerta! (Jean Grémillon, España, 1936)
Triumph of Will (EE.UU., 1940-1941, montaje de bobinas a partir del filme de Leni Riefenstahl *Triumph des Willens*)

Guionista

Si usted no puede, yo sí (Julián Soler, México, 1950)
El monje (Le moine, Ado Kyrou, Francia, 1972)

Bibliografía

Découpage y guión

BUÑUEL, Luis y ALEJANDRO, Julio, *Viridiana*, Madrid, Plot, 1995.

BUÑUEL, Luis, *Viridiana*, L'avant-scène du cinéma, enero de 1994 (guión bilingüe).

Textos de Luis Buñuel y entrevistas

AUB, Max, *Conversaciones con Buñuel*, Madrid, Aguilar, 1985.

BAZIN, André y DONIOL-VALCROZE, Jacques, «Entretien avec Luis Buñuel», en *Cahiers du cinéma*, 36, junio de 1954.

BUÑUEL, Luis, *Mon dernier soupir*, París, Robert Laffont, 1982 (trad. cast.: *Mi último suspiro. Memorias*, Barcelona, Plaza y Janés, 1982).

BUÑUEL, Luis, *Obra literaria* (edición a cargo de Agustín Sánchez Vidal), Zaragoza, Heraldo de Aragón, 1982 (Se encuentran aquí incluidos todos los textos teóricos y críticos de Buñuel, entre ellos los célebres «El cine como instrumento de poesía», «Alucinaciones en torno a una mano muerta» o su crítica de *Metrópolis*).

MUÑOZ SUAY, Ricardo y FERRERO, Adelio, «Preguntas a Luis Buñuel», *Cinema Nuovo*, septiembre de 1967.

PÉREZ TURRENT, Tomás y DE LA COLINA, José, *Buñuel por Buñuel*, Madrid, Plot, 1993.

Libros sobre Buñuel o de contexto

ARANDA, J. Francisco, *Luis Buñuel. Biografía crítica*, Barcelona, Lumen, 1970.

BUACHE, Freddy, *Buñuel*, Lausana, L'âge d'homme, 1975.

DAVID, Yasha (comp.), *¿Buñuel? La mirada del siglo*, Madrid, Reina Sofía, 1997.

EVANS, Peter, *The Films of Luis Buñuel. Subjectivity and Desire*, Oxford University Press, 1995 (trad. cast.: *Las películas de Luis Buñuel. La subjetividad y el deseo*, Barcelona, Paidós, 1998).

FUENTES, Víctor, *Buñuel en México*, Teruel, Instituto de Estudios Turolenses, 1993.

GARCÍA Buñuel, Pedro Christan, *Recordando a Luis Buñuel*, Servicio de Publicaciones, Diputación de Zaragoza, 1985.

GUBERN, Román, «Notas para una historia de la Censura Cinematográfica en España (1937-1974)» en Gubern, Román y Font, Domènec, *Un cine para el cadalso. 40 años de censura cinematográfica en España*, Barcelona, Euros, 1975.

HEREDERO, Carlos F., *Las huellas de la memoria. Cine español 1951-1961*, Valencia/Madrid, Filmoteca Española/Filmoteca de la Generalitat Valenciana, 1993.

MONEGAL, Antonio, *Luis Buñuel. De la literatura al cine. Una poética del objeto*, Barcelona, Anthropos, 1993.

SÁNCHEZ VIDAL, Agustín, *Luis Buñuel. Obra cinematográfica*, Madrid, J.C., 1984.

SÁNCHEZ VIDAL, Agustín, *Buñuel, Lorca y Dalí: El enigma sin fin*, Barcelona, Planeta, 1988.

TALENS, Jenaro, *El ojo tachado*, Madrid, Cátedra, 1986.

TESSON, Charles, *Luis Buñuel*, París, Cahiers du cinéma, 1995.

Artículos sobre *Viridiana* y Buñuel

BALLESTEROS, Teodoro, «Apuntes para un estudio de la censura española en la obra cinematográfica de Luis Buñuel», en Lara, Antonio (comp.), *La imaginación en libertad (Homenaje a Luis Buñuel)*, Madrid, Universidad Complutense, 1981.

FIDDIAN, Robert y EVANS, Peter, «Viridiana and the death instinct», *Challenges to Authority: Fiction and Film in Contemporary Spain*, Londres, Tamesis, 1988, págs. 61-70.

FUENTES, Carlos, «Viridiana e i venti anni di oscurità», *Cinema Nuovo*, 155, 1962.

MUÑOZ SUAY, Ricardo, «Santa Viridiana, la Martirios», *El País* («Babelia»), 23 de diciembre de 1995.

PAZ, Octavio, «El poeta Buñuel» (abril de 1951), en *Las peras del olmo*, Barcelona, Seix Barral, 1983, págs. 183-187.

PAZ, Octavio, «El cine filosófico de Buñuel» (1966), en *Los signos en rotación*, Madrid, Alianza, 1971, págs. 175-180.

QUINTANA, Àngel y RIERA, Miquel, «Buñuel et l'Espagne», *Viridiana, L'avant-scène du cinéma*, París, L'Herminier, 1984.

ROGER, Alain, «*Viridiana* et le "tableau vivant"», *Iris,* 14-15, 1992, págs. 169-176.

SÁNCHEZ-BIOSCA, Vicente, «Cuerpo fantasmático, cuerpo religioso, cuerpo corrupto. A propósito de *Viridiana*», *Banda aparte*, 11, 1998.

Bibliografía adicional citada

DALÍ, Salvador, *El mito trágico del Angelus de Millet*, Barcelona, Tusquets, 1978.

LAPLANCHE, Jean y PONTALIS, Jean-Bertrand, *Diccionario de psicoanálisis*, Madrid, Labor, 1981.

MILLER, Jacques-Alain, «Dos dimensiones clínicas: síntoma y fantasma», *Analytica,* Buenos Aires, Navarin, 1983.